U0754564

本书系国家社科基金重大项目《新时代国家安全法治的体系建设与实施措施研究》（20&ZD190）、重庆市社会科学规划项目《社会治安综合治理之历史嬗变、效果评估和发展方向》（2021NDQN59）、国家法治与法学理论研究项目《宗族文化两面性与乡村犯罪治理机制研究》（18SFB3014）之阶段性成果。

社区警务的发展与实践

刘　莹　著

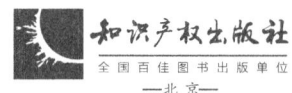

知识产权出版社

全国百佳图书出版单位

——北京——

图书在版编目（CIP）数据

社区警务的发展与实践／刘莹著. —北京：知识产权出版社，2022.11
ISBN 978 - 7 - 5130 - 8399 - 7

Ⅰ.①社…　Ⅱ.①刘…　Ⅲ.①社区—治安管理—研究　Ⅳ.①D035.34

中国版本图书馆 CIP 数据核字（2022）第 190149 号

责任编辑：常玉轩	责任校对：王　岩
封面设计：陶建胜	责任印制：孙婷婷

社区警务的发展与实践

刘　莹　著

出版发行：知识产权出版社 有限责任公司	网　　址：http：//www. ipph. cn
社　　址：北京市海淀区气象路 50 号院	邮　　编：100081
责编电话：010 - 82000860 转 8572	责编邮箱：changyuxuan08@ 163. com
发行电话：010 - 82000860 转 8101/8102	发行传真：010 - 82000893/82005070/82000270
印　　刷：北京建宏印刷有限公司	经　　销：新华书店、各大网上书店及相关专业书店
开　　本：720mm×1000mm　1/16	印　　张：12
版　　次：2022 年 11 月第 1 版	印　　次：2022 年 11 月第 1 次印刷
字　　数：183 千字	定　　价：72.00 元
ISBN 978 - 7 - 5130 - 8399 - 7	

出版权专有　侵权必究

如有印装质量问题，本社负责调换。

前　言

　　社区警务在 20 世纪发展迅速，遍布全球，成为世界各国预防犯罪和提供社区安全服务最主要的警务模式。然而，近 20 年来，随着互联网背景下情报与信息在预防和打击犯罪方面的作用愈发凸显，"情报主导警务"应运而生并迅猛发展，俨然成为当今警务模式的主导"潮流"。而基于权力下放、伙伴关系、共同决策的社区警务似乎已离开了"舞台的中心"，逐渐被"淡忘"。那么，社区警务在国外的发展现状如何呢？它是否已被"情报主导警务""比较统计"等警务模式替代？抑或仍然作为警察机关预防犯罪的基本方式？本书将从基本理念、核心原则、适用领域、实施效果四个维度介绍 21 世纪社区警务的理论发展与实践变革。

　　社区警务是警务工作中的一个重要理念，它吸取了过去和现在许多成功的警务实践，并一直在被更新、完善和扩展。本书第一章简要回顾了社区警务的萌芽、产生和发展历程。基于组织形式、适用范围、具体程序和评价指标这四个标准，可以将社区警务划分为"创新""扩散"和"制度化"三个重要发展阶段。制度化意味着稳定且普遍实施。时至今日，社区警务已经成为警察机构服务于民众的一种最常见形式，在世界范围内广泛实施。

　　社区警务于 20 世纪 70 年代在美国产生，其时被赋予的"职责"是明确的：修复已经破裂的警民关系，重塑警方威信。与强调法律执行和逮捕罪犯以及提供短期内解决问题方法的传统警务相比，社区警务（以社区为导向的警务）需要使用一些组织战略，例如权力下放、战略规划、绩效评估，它被认为是一种价值体系、管理方式和组织策略的集合，强调主动解决问题和加强警民关系，并以此杜绝犯罪根源，减少居民对犯罪的恐惧。

一方面，警察机构实现分散式组织转型，打破事件驱动型警务模式的束缚，寻求主动针对犯罪和混乱的创造性解决方案；警察的角色不再是传统意义上的"片警"，而是从对抗犯罪转变为问题解决者、邻里调查员。如第九章中的"校园警察"，在校园枪击案频繁发生的北美地区，为了预防和减少校园暴力与犯罪，几乎所有中小学都设立了校园警察。这些社区警察身兼数职，既是执法者、教育者，又是咨询师，他们不仅在校园巡逻、调查校园犯罪、向学生传授反暴力知识，还与学校管理层商讨和制定反校园暴力方案。

另一方面，公民可以多种形式参与社区警务，比如邻里守望、社区会议、协助社区清理工作或者犯罪预防计划等。"社区警务志愿者"是民众参与社区警务活动的重要途径，他们接受培训并被赋予一定的警察权力，可以加深民众与警察组织的交流和相互理解，也可以增强警察的执法公信力。2008 年，美国在国家层面成立了警务志愿者项目，进一步推动全美各个层面（地方、州、国家）的社区警务志愿者发展。同时期，英国政府为应对金融危机，大量削减警务开支，地方警察部队开始招募更多志愿者承担社区警务职能。第十章将考察英国林肯郡的实践，探讨社区警务志愿者是否是一个符合成本效益的选择，是否既能满足公众对警务可视化的期望，又能最大限度提高警察的服务能力。

警方如何将社区警务的理念付诸实践？实现这一目标的重要途径是警方与公民建立伙伴关系（partnership）。近年来，越来越多的学者将研究重心放在警察与社区的伙伴关系上，认为良好的伙伴关系是社区警务实施的一项核心原则。伙伴关系被界定为警察与社区在大多数或全部社区警务工作中共同享有权力和责任，但在不同国家中，"共享"的程度差异是很大的。有些国家几乎不会"共享"，而在另一些国家，却实现了几乎平等的"共享"。本书第二章介绍了几种具有代表性的伙伴关系，分别是象征性（无权力分享）、信息共享式、合作式、协作式、积极型（有效的、制度化的）。

警方与公民之间的信任与合作，被认为是社区警务的"基石"，这是一种美好的愿景。社区警务的支持者强调警察－公民互动的重要性，并坚持这种互动（接触）可以改善警察与社区的关系，甚至促使公民帮助警察。警民互动需要警察深入民众、靠近民众，增强沟通。在荷兰阿姆斯特丹，为了解决警察与民众沟通不畅的现实困境，警察局设立一批"邻里协调员"（专职警察），让他们深入社区，贴近民众，以期培养民众对警察的信任，调动更多社区居民积极参与社区警务，但十年实践并不成功。本书第八章"社区警察与民众的信任构建"会详细阐释荷兰的案例。

信任与合作有一个基本前提，即公民承认警察的合法性。这种合法性涉及警察执法的正当程序原则及自由裁量权的把控。进入 21 世纪，执法机构越来越多地采用一些先进警务技术预防和调查犯罪，"面部识别""空中监视"等新技术侵犯公民和社区的隐私，使执法变得更具"侵入性"，公民对警察执法的合法性怀疑也逐渐加深。变革性警务技术给社区警务带来巨大冲击（第四章）：当警察缺乏合法性时，居民不太可能联系警察或配合他们的调查，更糟糕的是，因不信任而引发的警方与公众的互动更有可能加深彼此的"反感"，进一步侵蚀警民关系，破坏公共安全。

民众和警察对社区警务的认识也有所不同，因为双方的立场和角度本就不同。同时，也有越来越多的实证研究证明，社区警务模式的"初心"、原则和目标，在实践中很难实现，如第七章中提到的墨西哥和牙买加。这些拉丁美洲国家的社区警务有着强烈的"拿来主义"风格，往往忽视转型国家执行社区警务方案的具体情况，缺乏对当地警务工作更深层次的理解，对既定的政治、社会和警务结构缺乏敏感性。因此，学界一些观点认为，社区警务战略永远无法充分发挥作用，因为理论和实践之间仍有相当大的差距。

在过去的三四十年间，警务活动的政治和社会条件在整个西方世界发生了巨大变化。犯罪率急剧上升，犯罪防控日益复杂，公共秩序已经成为一个紧迫的政治问题。层出不穷的新威胁如恐怖主义不断出现，进一步加重了普遍的不安全感。在这种形势下，社区警务战略的整体表现不尽如人意，甚至遭到严厉批评。这段时期的社区警务呈现出多样化发展趋势。

比如，与其他警务模式相比，"比较统计"强调基于数据的犯罪地图分析，对犯罪问题和发案热点进行快速反应。尽管二者都属于需要下放决策权的战略管理系统，各自的目标、实现方式、理念却都有本质的差异。因此，目前这样有限的尝试并没有取得明显成功。但这并没有阻挡社区警务向更广泛领域的延伸。

在国家安全领域，社区警务被认为是反恐的有效方式而受到更多的重视（第五章）。社区可以加强社会凝聚力，建立在信任和相互尊重基础上的社区关系可以对恐怖袭击提供"预警"。2005年英国率先实施基于社区警务理念的反恐策略"预防"，明确将社区作为预防激进化的第一场所。在本土恐怖主义威胁扩大的背景下，柔性的、自下而上的反恐策略不断"深入人心"，社区参与已经成为欧美国家广泛实施的反恐策略。

与此同时，面对越来越多的安全风险，社区警务的功能不再局限于传统的犯罪防控和安全治理，而是拓展到应对具有不确定性和不可预测的自然灾害。警察在社区抵御客观环境冲击方面发挥主导作用，社区自身的"集体效能"一旦被正确引导和挖掘，则可以快速应对和防范各种灾害和危险，重建和恢复社区秩序——社区警务被赋予"弹性"特质，成为"弹性警务"（这是一种警务理念而非警务模式）的一种表现形式。

在风险社会中，全球性非法毒品贸易、恐怖主义、网络犯罪和自然灾害威胁着各国经济及其公民的安全和保障。人们愈发认识到，警察不可能无所不在，无处不在，必须依靠公众的支持来解决"问题"。没有哪一项警务战略可以比社区警务更好地将警察与公众联系在一起，共同致力于犯罪与风险问题的解决。到目前为止，社区警务仍然是世界范围内最受欢迎的警务模式之一，它并没有退出历史舞台，而是在不断发展和变化，以应对新形势和新问题。因此，一方面，社区警务战略仍然需要加强社区对警察的支持，提升警察的"合法性"，增强民众对警察的信任，加深警民合作。另一方面，面对各种具有复杂性、多样性和易变性的不断增长的风险，传统的社区警务战略需要创新和延伸，既可能是与其他警务战略的吸收和整合，也可能是跨学科的理念重塑。

目　录

第一章

社区警务的历史、发展与挑战

　　在全球许多国家，社区警务是警察提供服务的主要方式，尤其在美国、澳大利亚、加拿大、英国和冰岛等国家，社区警务历史悠久且持续受到重视。在过去的 20 年，社区警务也是这些国家的媒体、政府部门和公民团体评论的热门话题。

　　自 20 世纪 70 年代末和 80 年代初以来，社区警务一直作为一个概念，但在 20 世纪末 21 世纪初，社区警务作为一种具体的行动理念，在许多形式和功能上都发生了变化并日益成熟。那么，过去的 30 年中（1970—2000 年）社区警务发生了哪些变化呢？通过对社区警务的历史考察，我们可以更深入地理解社区警务在警务模式中的地位，以及 21 世纪警务的发展方向。

一、社区警务的萌芽、概念与历史

　　要想精确描述社区警务产生的时间是非常困难的，虽然通常认为社区警务产生于 20 世纪 70 年代的美国，但是一些关于社区警务的萌芽思想，可能产生得更早。社区警务的目的是拉近社区和为社区服务的职业警官之间的距离。仅从社区与警察之间的关系去理解，社区警务似乎并不是一个新的概念，在任何时期，警察执法都离不开社区。因此，有一些观点认为，社区警务的萌芽，应追踪到遥远的 1829 年。在这一年，罗伯特·皮尔（Robert Peel）成立了大伦敦警察局（Metropolitan Police Service，又称都市警察局，俗称苏格兰场），标志着现代警察制度的产生。

　　在著名的《大伦敦警察法》（*Metropolitan Police Act*）中，皮尔提到"达到的主要目标是'预防犯罪'，人身和财产安全因此将得到更好改善，而不仅仅是对犯罪者在犯罪后实施的侦查和惩罚"。据此，他起草了警察行动纲领，其主要内容旨在改善警察与公众之间的关系。他写道："警察完成本职工作的能力依靠公众对警察行动的支持。"当公众合作行为增加，对警察的暴力需要就减少。警察是公众，公众是警察……皮尔对以社区为导向的警察队伍具有敏锐的意识和远见，这也是公众的需要。[①]

---

　　① David R. Johnson. American Law Enforcement History. St. Louis, Mo. Forum Press, 1981, 14－20.

英国学者查尔斯·里斯（Charles Reith）对英国警察的早期历史加以精彩描述，他认为英国警察和欧洲大陆的警察有很大的不同。英国的警务是一种自下而上的警务体系，且呈现出分散式特点。这与大陆国家警察机构形成鲜明对比，欧洲大陆警务体系一直呈现出一种自上而下的集中式特点。在自下而上的分散式警务体系中，强调警察与民众双方对警务政策与实施的一致性，即双方都"同意"（consent）。而这种"同意"前提，正是今天的社区警务所具有的一个基本特征。

同一时期的美国正在观望皮尔的警察巡逻试验。那时美国的工业化和社会大变动还没有达到英格兰的程度，所以并不迫切需要英格兰式的全天候警察。直到 1840 年，当美国东部工业化开始时，美国官员才更加清楚地意识到警察改革的社会需求。

在其后漫长的 120 年间，美国警务历史经历了多重因素的影响：社会暴力犯罪的增长，警察打击犯罪的使命范围有限；巡逻警车中警察的派遣和警察与社区投入的管理；经济不景气以及有些警察"少花钱多办事"的理念；对高技术设备的需求增长，与公众广泛接触减少，这些因素都强调警察组织改革，包括去中心化和更多的警察自由裁量权；希望更多的个性化的政府服务；警察通过犯罪预防、警队警务、警察与社区关系，充分深入社区的意图快速发展。这些因素构成一个共同主题：警察与公众的隔离，经常导致在警察与民众之间出现"我们与他们相对"的心态。因此，现代意义上的社区警务理念的产生"如同从烧毁的城市、四面楚歌的校园、犯罪丛生的社区等灰烬中升起的凤凰"[1]。

社区警务的概念是多样化的，至今也没有一个统一的界定。国际知名的社区警务先驱罗伯特·特罗扬诺维兹（Robert Trojanowicz，1998）提出的一个基本的定义是：社区警务是在警民之间建立新的合作的一种理念和组织策略。基于这样一个前提，社区和警察作为平等的伙伴一起去工作，去识别和主动地解决当前存在的问题，如社会环境混乱、治安状况变坏，以提高该地区的生活质量。威拉德·奥利弗（Willard Oliver，

---

① ［美］皮克著，刘宏斌等译：《社区警务战略与实践》，中国人民公安大学出版社，2011 年版，第 22 页。

1998）提出的社区警务概念则包含了三个部分：以策略为导向的警务，运用传统警务做法，赶走犯罪分子，以便于居住者回到他们的社区；以社区为导向的警务，包括运用各种各样的方法和策略，建立警察和市民交流的渠道，培育社区意识；以问题为导向的警务，警察和社区共同努力去确定犯罪和社会混乱的原因，想出解决问题的办法，实施可行的项目。①

在美国，从 20 世纪 60 年代发展至 90 年代（1994 年《犯罪法案》通过，它一直是联邦犯罪控制政策的中心焦点），一方面，社区警务已成为大多数州警察机构和地方警察机构提供警察服务的主要手段。同时，公民也开始将社区警务视为一种积极的发展，尽管民众对"社区警务"这一概念的理解非常有限。但从许多民意测验和调查来看，民众压倒性地支持社区警务的实施。

另一方面，警务工作者越来越积极地参与社区警务。1995 年的一项调查显示：80% 的警察局长和 50% 以上接受调查的治安官表示，他们的部门已经采用或希望在未来采用社区警务（麦克尤恩，1995）。② 此外，大多数较大的县和市警察局都有正式的社区警务计划（分别为 63% 和 61%），支持全职社区警务人员（分别为 80% 和 79%），并对所有新警员进行了这种警务理念的培训（分别为 80% 和 73%）（里弗斯和戈德堡，1999）。③ 社区警务的大范围推行，被认为是 1992 年以来美国总体犯罪率下降的主要原因之一，同时社区警务也被视为成功提升了社区居民的生活质量。

与此同时，社区警务在控制犯罪、尤其是预防社区犯罪方面的作用受到越来越多的关注，许多学者呼吁将社区警务变成"公共警务的组织

---

① ［美］普尔普拉著，杨新华译：《警察与社区——概念与实例》，中国人民公安大学出版社，2009 年版，第 248 - 249 页。

② McEwen，T. (1995). National assessment program：1994 survey results. Washington，DC：National Institute of Justice.

③ Reaves，B. A.，& Goldberg，A. L. (1999). Law enforcement management and administrative statistics，1997：Data for individual state and local agencies with 100 or more officers. Washington，DC：Bureau of Justice Statistics.

范式"①。时任美国总统克林顿在其《1997 年国情咨文》中提到："为了使美国为 21 世纪做好准备，我们必须建设更强大的社区……社区警务，应该从安全的街道开始。连续五年严重犯罪数量的下降，说明关键是社区警务……"这种关注程度无疑证实了一个普遍印象，即社区警务的出现已经构成了警务历史上的一个独特时代，它将把警务作为提供公共安全服务的基础带入 21 世纪。

二、政治、改革、社区——警务史的三个时代

社区警务是警务工作中的一个重要概念，它吸取了过去和现在许多成功的警务实践，产生了这一最有创造性、高效、有效的方法，去寻求与市民进行密切交流和合作，以控制犯罪，减少恐惧感，解决存在的问题，提高生活品质。有学者认为，社区警务实际上不是一个新的概念，它一直在被更新、完善和扩展，在警务历史上任何时候，执法者和社区居民交流、合作，以控制犯罪和解决存在问题，都可以看作是社区警务。②

关于警务时代的发展，目前有两种分类方式。一种是以警务模式呈现的不同特点为依据，将警务时代划分为传统警务时代与社区警务时代。通常认为，20 世纪 80 年代，美国从传统警务时代进入社区警务时代。通过实施社区警务，警察与社区居民之间的关系得到很大改善，很大程度上改变了民众对警察根深蒂固的"成见"。警察不再是一个只专注于执法、解决犯罪和以被动方式作出反应的政府机构。"当代警察机构更加积极地关注社区的生活质量；他们已经不仅仅是靠执行法律来解决公共安全问题，他们在工作中也越来越积极主动。"与此同时，警察机构的组织方式也产生了变化，传统警务中的科层模式（具有权力集中、被动化、机械化特征）逐渐转变为具有分权、主动和灵活等特征的社区警务模式。

---

① Bayley, D. H., & Shearing, C. D. (1996). The future of policing. Law and Society Review, 30, 604.

② ［美］普尔普拉著，杨新华译：《警察与社区——概念与实例》，中国人民公安大学出版社，2009 年版，第 22 页。

　　另一种则是以维护社会治安的警务策略为划分标准，这是最常被引用和认可的方法，它关注警务策略中的警察组织战略，如警察机构从哪里获得权力，如何运作，如何组织，对服务的需求水平，警察工作的环境，警察使用的策略及其期望的结果。由此摩尔（Moore）提出了美国警务历史上的三个时代：政治时代、改革时代和社区警务时代。①

　　警务史上的政治时代始于 19 世纪 40 年代，当时公共警察服务在美国首次开始发展，一直延续到 20 世纪 20 年代。那是一个政治家严密控制警察的时期，其特点是警察与本地政治家、赞助人有紧密的政治联系，警察管理分散。一方面，政治家操纵警察部门，可以雇用和解聘警察，直接影响警察行使职权。另一方面，政治家们通过提供社会服务来赢得更多的支持，于是鼓励警察去帮助市民。警察为无家可归的人提供住宿，帮助人们找工作，和卫生人员一起控制疾病，帮助屡教不改的青少年。

　　从 20 世纪 20 年代到 20 世纪 70 年代，处于警务史的改革时代。在 20 世纪 30 年代，美国警务经历了一系列改革，改革的引领人奥古斯特·沃尔（一位警察局长）和威尔逊倡导警察部队的专业化和职权集中化，借以将警察从政治控制下解脱出来。由市民组成的调查委员会成为揭露政府和警察腐败的重要工具。与此同时，警察管理也发生了变化。警察管理更加集中，行使职权更加规范。改革初期警察与市民的关系更加密切了，直至 20 世纪 60 年代，警务人员的工作仍然是相对简单的。基层警员与一线巡警一方面听从基层警长的工作安排，另一方面必须"照顾"好两种人——当地的不法人员和潜在的被害者。警务人员在工作时压制前者并保护后者，这就要求警务人员建立良好的警民关系，预防犯罪，保护当地群众。②

　　同时期的英国也在面临同样的警务改革。早在第一次世界大战期间，英国的高级警官就警告说，由于郊区的大规模扩张，他们无法保持

---

① Moore，M. 1992. "Problem Solving and Community Policing." In Tonry，M. and Morris，N.（eds），Modern Policing，Chicago：University of Chicago Press：99－158.
② ［英］杰瑞·莱特克里菲著，崔嵩译：《情报主导警务》，中国人民公安大学出版社，2010 年版，第 1 页。

传统的巡逻水平，因为他们没有那么多的警察可供调遣。这一时期的财政紧缩意味着政府不可能招募更多的警察。第二次世界大战后，越来越多的人使用自己的私人交通工具。这种情形一方面迅速扩大了警察在道路监督方面的任务。另一方面，日益增多的交通违法行为也增加了警察与社会成员之间发生冲突的可能性。在家用车发展之前，这种冲突的机会在英国相对较少，尤其是与大多数欧洲国家（如汽车制造大国德国）相比。第二次世界大战后，家用汽车的数量大幅增长，警察的交通监管加剧了警方与市民之间的摩擦。使用汽车的百姓越来越多，警察的监管方式也逐渐改变，为了保证在巡逻过程中可以"跟上"或迅速"接触"到"潜在的麻烦"，警察不得不使用机动车。与此同时，作为警察巡逻必备的无线通讯也与警车一样得到了快速发展。

警务工作的专业化和新技术的采用，的确有效提高了警察打击犯罪的能力。20世纪中叶以后，随着经济的快速发展，犯罪率持续上升，警察机关开始"狭隘"地关注执法和打击犯罪的问题，如从公众处获取情报、巡逻防范的效果、快速反应等。但随着警车被大量使用，警察的步行巡逻随之减少，警民之间的距离自然就拉大了。

到20世纪70年代末和80年代初，出现第三次警务改革，其最大的特点是警察权力下放，与社区民众拉近关系，向民众提供更"亲密的"服务，提升社区的生活品质，提高公民对警察服务的满意度，并促使公民"共同生产"（共同致力于）公共安全。这一时期被称为社区警务时代——警察机关更多地着眼于警察和公众之间的关系。

美国早期的警务工作是建立在警察和公众之间的政治关系之上的，警察的工作主要是保护性的。在摆脱这些政治联系的过程中，警察管理开始强调"公共关系"，即"以礼貌的方式做好高效的工作，然后让公众了解这项工作"。由于对警察职能的这种新的"高于政治"的理解，警察开始与公众保持距离，试图在"言谈"和"举止"上变得更加专业。① 然而，在社会快速变化中，这些专业化的改革措施也直接形成一

---

① Roth, J., Roehl, J. and Johnson, C. 2004. "Trends in Community Policing." In Skogan, W. (ed.), Community Policing: Can It Work?, Belmont, CA: Wadsworth/Thomson: 3 – 29.

个高度封闭的警务实践系统及高高在上的警察管理阶层。

20 世纪 50 年代和 60 年代的一些社会事件，暴露了警察职业模式的许多缺点，并导致人们对警察与社区的关系广泛关注。社区警务的概念反映出这样一种理念：警察想努力改善与公众的关系，警察需要更好地了解他们所管理的社区。这一时期，有一些社区警务的萌芽项目在开展，比如有警察机关与特定人群（如老年人、年轻人等）创建了社区共建部门。但可惜的是，这些措施未能在警察和社区关系方面取得任何重大突破，其根本原因是，警察机构本身仍然遵循传统的自上而下的管理模式，警察权力并未分散到基层。

到了 20 世纪 70 年代，社区警务终于迎来标志性的改革举措。人们认识到，警察与社区关系的共建，不仅仅在于形式上的共建主体，而在于警察机构内在的运行系统。这种认识上的探索逐渐形成了今天社区警务的概念以及第三个警务时代——社区警务时代的到来。社区警务时代承认加强警察和社区关系的必要性，但它试图通过与社区分享权力，将整个机构推向社区警务，并在警察、社区和其他政府机构之间发展持续的伙伴关系。

无论从组织战略的角度还是从警察和社区关系的角度来看，警务人员与研究者都认为，从 20 世纪 80 年代初开始，美国已经进入了社区警务时代。这一时期的社区警务具有如下特点：以重新树立警方威信为目的，奉行合作伙伴原则，加强社会和警方的合作，对警察组织实施扁平化改造，授予基层更多的自主权，并将更多决定警方工作重点的权利交给公众和社会，同时倡导社会服务风气。此外，人们普遍承认，在过去 20 年里，社区警务取得了引人瞩目的重大进展。例如，在 20 世纪 80 年代中期，引入以问题为导向的警务模式，其中的核心方法——SARA（扫描、分析、响应、评估）有助于一线警员识别复发性的系列犯罪案件，并通过这些迹象发现社区存在的潜在问题。这种模式在处理各种社区问题，如毒品和家庭暴力时普遍使用。同样，实施社区警务的条件也得到极大改善。20 世纪 80 年代，警察机关只将有限的经费用于社区警务。随着 1994 年《暴力犯罪控制和执法法》的通过，美国政府拨付 80 多亿美元增设社区警官、社区警务设备以及社区警务培训。正如社区警务领域的两位学者所提出的问题，"社区警务现在在哪里？它肯定不是在开始时的地方。"①

三、创新、扩散、制度化——社区警务的三个阶段

社区警务从产生之初到现在的发展扩大，经历了哪几个阶段？也许不同的划分标准会产生不同的社区警务"时代"，但是综合社区警务的基本内涵与特征，可以将划分标准概括为四个要素：组织形式、适用范围、具体程序和评价指标。

第一个标准是社区警务的组织形式，或者说是警察机关如何组织其管辖范围内的社区警务。是仅有一小部分人参与社区警务，即仅仅形成团队警务（team policing），还是调动整个社区实行"系统性"的社区警务？第二个标准是，实施社区警务的主体及范围。哪些机构在实施或参与社区警务，每一个机构的管辖范围有多大？社区警务是在大城市实施，还是在小城镇或者农村实施？第三个标准是，社区警务采用的具体方式，包括实施社区警务程序，如何把社区民众招纳进来，如何定义警察与民众之间的关系？第四个标准是，对社区警务实施效果采用的评价指标——学者与警务工作者为了评估效果而设计或适用的各种理论及指标因素。基于以上四个标准，可以将社区警务划分为三个重要的发展阶段，分别为 1979 年至 1986 年的创新阶段，1987 年至 1994 年的扩散阶段以及 1995 年至今的制度化阶段。

第一代社区警务从 1979 年至 1986 年，被称为"创新一代"。很难确定具体开始的日期，但是在 1979 年，果尔德施坦因（1979）在他的《改善警务》一书中提到社区警务的开创性意义，标志着警务工作从传统警务向社区警务转化。实际上，早在 20 世纪 60 年代末期和 70 年代初期，已经有一些学者，如安吉尔（1971）和雷德莱特（1973）在其研究著述中提到社区警务的一些基础理论，如通过警察与社区的合作预防犯罪，加强治安等。但直到 70 年代中后期，人们（如学者戈尔茨坦等）

---

① Reaves, B. A., & Goldberg, A. L. (1999). Law enforcement management and administrative statistics, 1997: Data for individual state and local agencies with 100 or more officers. Washington, DC: Bureau of Justice Statistics.

才深刻认识到许多传统的警察工作并不能有效预防和制止犯罪，需要一种新型的警务模式来替代传统警务。果尔德施坦因提出警察机关要与社区合作的概念。威尔逊和凯林（1982）则提出了著名的"破窗"理论，成为社区警务的主要理论"催化剂"。

社区警务与传统警务的区别非常显著，尤其在定义、角色、优先权和评价指标上有明显的差异。传统警务中由政府机构即警察机关负责法律的执行，而社区警务的理念是"警察是公众，公众是警察"；传统警务中，警察关注的是解决犯罪，因此将侦查和逮捕率作为警务效率的评价指标。但在社区警务中，警察的角色是解决更多问题，以消灭犯罪和混乱的治安作为评价警务效率的指标；在传统警务中，警察解决的优先事项是那些针对高价值物品的犯罪（如抢劫银行）和那些涉及暴力的行为，但社区警务中，任何扰乱社区的问题都具有优先权。这就是为什么传统警务中警察总是在处理各种案件和事故，而社区警务处理的却是和居民直接相关的问题和利益。

早期美国的社区警务主要限制在大城市，如密歇根州的弗林特、新泽西州的纽瓦克、马里兰州的巴尔的摩和得克萨斯州的休斯敦进行试点。这些试点社区警务是由各州的基金会和赠款予以资助，并且得到改革派警察局长的支持。所采用的社区警务形式比较单一，要么是徒步巡逻（如密歇根州弗林特和新泽西州纽瓦克），要么是以问题为导向的警务方式（如马里兰州巴尔的摩县和弗吉尼亚州纽波特纽斯）。虽然试点范围比较有限，但通过这样的方法，对社区警务的效果加以实证研究，从中发现试点工作的优点与不足，为推动社区警务的发展和创新奠定了扎实的基础。①

第二代社区警务跨越 1987 年至 1994 年这一时期，被认为是"扩散时代"。这一时期各种公共政策通过某些社会文化系统内的沟通渠道加以传播和扩散。社区警务的概念与理论也在美国警察部门中迅速传播。1985 年，有 300 多个警察部门采用了某种形式的社区警务（沃克，

---

① Kerlikowske, G. 2004. "The end of community policing: Remembering the lessons learned." FBI Bulletin 73（4）: 6 – 10.

1985)，而到 1994 年，大约有 8000 多个机构转向社区警务（麦克文，1995）。

在扩散阶段，社区警务主要是通过各种项目（或专门方案）来组织的，这些项目要么是新设计的，要么是既有项目的改良。比较著名的新项目包括康涅狄格州哈特福德（1994）的 COMPASS（Cartographic Oriented Management Program for the Abatement of Street Sales）方案，旨在减少街头销售毒品；加利福尼亚州海沃德的 COPPS（Community Oriented Policing and Problem Solving）项目，解决社区的治安问题；纽约市的 CPOP（Community Police Officer Program）项目；以及马里兰州巴尔的摩县的 COPE（Citizen Oriented Police Enforcement）项目。在既有项目基础上改良形成的社区警务项目，如 CPTED（Crime Prevention Through Environmental Design，通过环境设计预防犯罪），大多数侧重于扩大已经存在的社区预防犯罪方案，在警察机关以前关注的犯罪预防问题方面，加强警察 - 公民合作巡逻，或社区/公寓/街区"守望"项目。[①] 人们发现，只要稍加改造，这些既有的项目就可以"摇身一变"成为社区警务。

但是，第二代社区警务实践仍然主要局限于大中城市。因为这些城市的警察机构获得信息的机会更多，可以更快地接触到社区警务的相关信息，而且也更容易获得政府的拨款或民间机构的资助用以专门发展社区警务。这一时期，虽然一些小型警察机构（通常认为管辖区内人口 5 万人的属于"小型"警察机构）采用了社区警务，但向小型和农村管辖区推广的情况很少，研究小城镇和农村社区警务的成果几乎不存在。"扩散时代"的社区警务主要出现在芝加哥、休斯敦、沃斯、拉斯维加斯、奥克兰、波特兰和圣地亚哥等大中型城市。

第二代的社区警务风格比第一代要广泛得多，因为它不再专注于一个特定的项目（例如徒步巡逻等）。相反，越来越多的人认为社区警务在警察处理邻里犯罪和生活质量问题上更具包容性，比如解决社区毒品问题，减少居民对犯罪的恐惧，改善警察/社区关系，以及协助和组织

---

① Helms, R. and Gutierrez, R. 2007. "Federal subsidies and evidence of progressive change: A quantitative assessment of the effects of targeted grantson manpower and innovation in large U. S. police agencies." Police Quarterly 10：87 - 107.

社区参与维持治安。这一时期社区警务的重点变成了在整个社区和整个警察部门推广社区警务。实施社区警务的警察机构正在寻求一个全面的社区警务计划，一种比"创新时代"的社区警务试验更具系统性和整体性的方法。

对"扩散时代"社区警务的研究，主要关注的是社区警务维持治安的手段及方法。学者们投入大量的努力来评估社区和警察在社区警务中的关系与作用。这一时期的研究方法也呈现出多视角、多维度趋势，既有历史的纵向比较（摩尔，1994），也有各地区的横向比较（瑟曼和雷西格，1996），同时也有大量的定量研究（阿尔珀特和皮克罗，1998；玛斯特洛夫斯基，沃登和斯利普斯，1995）。此外，还有几个专门的研究机构，如社区警务联合会、国家社区警务中心、华盛顿州面向社区警务研究所，对社区警务展开了系统的研究。这些研究成果都成为推动社区警务制度化的理论基础。①

1995年之后的十年，被认为是制度化时代。制度化意味着稳定且普遍实施。在美国，从1995年开始，社区警务得到广泛实施，并且成为警察机构服务于民众的一种最常见形式。到1996年时，美国大约有13000个警察机构已经推行或着手推行社区警务。社区警务在美国"铺天盖地"推行之时，其影响已逐步扩散至世界范围，20世纪90年代中后期，许多西方国家如英国、澳大利亚、加拿大等也陆续开始实施社区警务。

从美国社区警务实践来看，社区警务制度化经历了立法和实施两个重要阶段：第一，政府出台相关的法律法规将社区警务固定化。如1994年《暴力犯罪控制与执法法案》（*Violent Crime Control and Law Enforcement Act of* 1994）标志着社区警务在国家政治进程中已经根深蒂固，这是社区警务作为一项巩固政策已经制度化的有力证据。

第二，在立法支撑下，政府拨付专门经费用于社区警务的警察招聘、装备和培训。1994年之后，美国很快成立了联邦层面的"社区导向

---

① Engel, R. 2002. "Patrol officer supervision in the community policing Era." Journal of Criminal Justice 30: 51－64.

型警务服务办公室"（The Office of Community Oriented Policing Services，COPS），开始向申请资金以招聘新任警察进行社区警务的州或地方警察机构"输送"经费。在招聘警察时，有一种名为"促进警察重新部署，提升有效性"的款项，用以购买计算机、支付警察加班费、雇用其他警务辅助人员等。同时，还通过社区警务研究机构，对社区警官加以培训。①

在美国，第一代社区警务主要集中在拥有改革意识的大城市，第二代主要集中在大中型城市，而第三代则以联邦拨款为特色，允许几乎任何规模的机构申请社区警务拨款。这一包容性的计划包括从纽约市警察局和洛杉矶警察局到格林布里尔县治安部门（西弗吉尼亚州）和窗口岩石警察局（亚利桑那州，纳瓦霍民族）。尽管联邦政府的专项经费没有吸引所有美国的小城镇和农村的警察机构实施社区警务，但其几乎没有任何难度就可获得拨款，确实快速促进了更多的警察机构推行社区警务，此时的第三代社区警务已经具有广泛性和普遍性。

四、21世纪社区警务面临的挑战

20世纪70年代以来，欧洲和美国的犯罪与安全治理方式发生了巨大变化：一方面，传统的刑事司法体系仍然作为控制犯罪的基础，但同时，"福利与安全重叠"（overlapping of welfare and security）的观点产生并日益受到重视，由此产生的"预防性伙伴关系"（preventive partnership）被认为是当代犯罪控制理念的重大改变。

在过去的25年里，欧美国家实现了"认识论上的突破"，其中预防犯罪和社区安全是控制犯罪的主要创新之一。国家建立了"全新的政策基础"，以社区为中心的措施和社区合作关系成为政策核心，完全区别于早期减少犯罪的方式（如刑罚和起诉）。警务与刑罚之间产生了"第三种政府力量"，将犯罪防控组织、公私合作关系、社区警务联系在一起。这就是西方学者所说的从"刑罚福利主义"（penal welfarism）转变

---

① Greene，J. 2004. "Community Policing and Organization Change." In Skogan，W. （ed.），Community Policing：Can it Work?，Belmont，CA：Wadsworth/Thomson：30-53.

为"双重政策体系"（dual system of policy）①。不同于刑罚福利主义的惩罚性隔离特征，双重政策体系意味着增强控制和预防性伙伴关系，一方面将权力从中央下放到地方，以利于通过社区合作控制犯罪；另一方面，则强调犯罪的预防与修复（rehabilitation）。

安全与福利的重叠被认为是刑事司法体系产生危机的后果：记录在案的犯罪不断上升，刑事司法系统超负荷运转、惩罚犯罪的效率不断下降。人们越发意识到控制犯罪需要大量的社会成本和经济成本，而刑事司法的作用却越发有限。在此背景下，"情景犯罪预防"与"社会犯罪预防及社区安全"两种理论应运而生，前者旨在通过改变环境减少犯罪，后者则强调社区发展。与传统刑事惩罚措施相比，这两种方式都被认为具有更强的有效性和更弱的破坏性。安全与福利的重叠使得社区的重要性凸显：社区通常被认为是良好社会关系的象征，通过关怀、信任和社会契约有效控制犯罪。社区警务的出现使警方回归到"神话时代"，态度和善的社区警察和店铺老板拉着家长，或者教训那些搞恶作剧的淘气包。社区警务最初担负起重建警民关系的承诺，通过警民密切接触，警方可以获得更多的犯罪信息，掌握邻里社区关注的议题，并提高警方的威信。②

进入 21 世纪，犯罪威胁正在打破地域界限。国际有组织犯罪活动不断发展蔓延，国家和地方的警察系统很难遏制其无孔不入的触角。有组织犯罪目前支配了非法武器、毒品、偷渡行业，对警方的遏制行动形成了重大挑战，将其消灭更无从谈起。而且国际有组织犯罪并不是警务工作面临的唯一严峻的挑战。自 2001 年 9 月 11 日以来，预防恐怖主义的任务已经对刑事司法系统构成了全面的挑战，信息和情报共享成为警方预防恐怖事件和控制有组织犯罪的关键要素。在此背景下，情报主导警务成为现代警务的最新一波浪潮。它被认为是对警察职能的重新构想，在犯罪控制过程中具有"战略性、前瞻性和针对性"，代表着警务

---

① Cochrane, A. & Newman, J.（2009）. Community and policymaking. In Mooney, G. & Neal, S., Community: Welfare, Crime and Society. New York: The Open University. p. 16.

② ［英］杰瑞·莱特克里菲著，崔嵩译：《情报主导警务》，中国人民公安大学出版社，2010 年版，第 2 - 3 页。

工作发生的一场重大而广泛的变革。①

在情报主导警务盛行的时代，社区警务面临严峻的挑战，批评者认为，社区警务强调通过合作伙伴原则加强社区与警方的合作，将决策权赋予基层警察和社区，但奉行社区警务的警察机构没有通过这一战略使得发案率降低。在当今社会，需要更多地运用数据来影响警务决策，利用数据推进犯罪控制策略。

控制犯罪似乎已经成为 21 世纪多数警务模式的核心信条。警察向控制犯罪的传统警务模式回归，也有学者提出质疑，他们认为警务工作中公众和社区服务仍然是重点，为了预防犯罪而把重点从其他活动转移到打击上来，这项重大政策转变可能会破坏警察职能——打击犯罪与解决犯罪问题之间的平衡。举起打击犯罪这面旗帜，可能会真正威胁警察的"合法性"，使警察偏离更为传统的服务作风。

的确，进入 21 世纪以来，社区警务的重要性逐渐被情报主导警务的光环所替代，尤其是在国家安全领域，情报成为对抗国际恐怖主义的首要"武器"。但面对本土恐怖主义，社区警务被欧美学界认为是反恐的有效方式，并列举了充分的依据：第一，国家主导的政府通常因为人力不足和经费短缺而处于被动局面，如将部分政府责任转移给民间社会则可以减轻一些负担；第二，它将加强"警务自治社会"（self - policing society）的兴起，社区可以发现有犯罪倾向的社区成员，社区与警察的联系可以吸收更多合作人员，带动更多社区成员"靠近"国家；第三，"我们同在"的信念可以使政府传统的反恐对策运作得更加有效；第四，传统反恐措施的成本相当高昂，社区警务可"在某种程度上减少这些成本"。因此，社区警务被认为是对国家安全、情报和执法人员专门工作的有效补充。

从欧美多国的实践可以发现，社区警务与情报主导警务是一种互相补充的关系。社区基础型警务，无论是社区目标型或社区主导型都明确与情报搜集联系在一起。社区情报被认为由社区情绪与社区关注组成，

---

① ［英］杰瑞·莱特克里菲著，崔嵩译：《情报主导警务》，中国人民公安大学出版社，2010 年版，第 3 - 4 页。

社区关注可以与更标准的情报形式——警方搜集的犯罪活动信息联系起来，还可以包含个人与社区之间关系的信息，如文化、地域、民族等。利益相关者（社区成员）对安全问题的关注使警察们更容易收集情报，而社区成员则可以挖掘潜在犯罪分子的任何嫌疑。因此，警察与社区构建起广义上的社区基础型情报（community－based intelligence）策略。

第二章

社区警务中伙伴关系的差异与适应

社区成员参与维持治安和提供安全服务的概念历史悠久。社区主导警务已经成为当今世界一种主要的警务模式。面向社区的警务模式已在许多国家广泛采用，被视为现代、进步警务的代名词，受到那些面临严重犯罪问题、警察服务不足以及警察缺少民众信任的国家"推崇"。经过政策决议者、专业团体、学者、非政府组织等个人和机构的不断呼吁与推进，目前，世界上许多国家都在采用社区警务模式，尽管其实施程度各不相同。社区警务实施中出现差异的一个主要原因是复制（照搬）概念具有很强的可塑性。但是，从目前的实践情况看，在不同的国家和地区，社区警务中的一些关键概念（比如伙伴关系）的内涵、策略并没有能够被准确理解和运用，即没有做到具体问题具体分析。

关于警察与社区关系的定义，不同学者表达了不同见解。但所有这些定义都具有一个核心内容，即警察与社区间良好的关系很重要，警察与社区关系是以双方互相理解各自的问题、互相合作、采取广泛的行动对付犯罪为特征的。警察与社区的关系刚开始是单向的，它注重社区对警察看法的变化，使公众进一步支持和理解警察，当这一活动趋于成熟时，则变成了双向。警察除了了解自己，还要与社区相互联系。①

一、伙伴关系的认识与界定

社区一般被认为是由居住在同一地区的个人、团体和机构构成。从某种意义上来说，可以把社区理解为一个关注特定问题、措施或政策的利益相关者群体。个人和团体可以属于多个社区。个人很可能参与广泛的社区，包括跨国界的社区，他们与特定团体的联系可能会随着时间而改变。此外，社区成员的需要也因其性别及年龄不同而有所差异。但社区是由个人、团体和机构组成的，它们位于同一个地区，有着共同的利益。

"社区"一词拥有复杂的意义，而且长久以来还引发了广泛的争论。"社区"有不同的解释。"利益共同体论"将社区定义为：拥有一个或多

---

① ［美］普尔普拉著，杨新华译：《警察与社区——概念与实例》，中国人民公安大学出版社，2009 年版，第 221 页。

个共同利益的个人、团体和机构聚集在一起的地方（例如，共享的地理区域、对特定文化的保护、对体育或其他娱乐活动的追求）。"地理社区论"则解释为：由特定地域内的个人、团体和机构组成的，如邻里、城镇、区域、社会或国家的全部人口。当今社会，可以有具有全球和跨国层面的利益共同体，即超越地区和国家边界的无国界社区。随着信息技术的发展，地理上分散的个人、团体和机构能更容易围绕共同关心的问题进行联系和互动。

约翰·加德纳描述了社区所具有的六个特征①：其一，整体吸收差异。在"我们的"制度下，共同利益首先是对一种制度的维护，在这种制度下不同种族的人们能够合法地追求其相同的理念，在一个不断变化的世界中，具有不同元素的社区具有更强的包容力去适应社会和更新自己。但是，社区包含了一定程度的整体性，整体性不是"我们"今天所谓的城市的特征。这些城市已被无时无刻都存在的政治斗争所分割和撕裂，这些斗争使种族分裂更加严重和复杂。

其二，共同的价值观。必须有一些核心的共同价值观。在所有社区概念的组成中，这一点是最重要的。这些价值观可能会在书面的法律或者规则中反映出来，对共同价值的看法构成了共同利益。社区教授并传递了一个连贯的价值体系，就是把个人放进一个价值体系框架内的社区和文化。

其三，关怀、信任和团队精神。一个好的社区的成员能够以人道的方式处理彼此之间的关系，尊重个体之间的差异，重视个人的品性。一个好的社区培育了合作和相互联系的氛围，对努力工作的人予以肯定和回报，并可以了解和回应不同市民的需要。这就是一种归属感和认同感。

其四，参与。"我们"社会需要一种遍布每一个社会单元的组织网络。个人自愿达成一个有效的整体和行动方式。一个健康的社区对个人的行为有很多不同的表达，"你归属于这个社区，你必须要发挥作用，

① ＼［美］皮克著，刘宏斌译：《社区警务战略与实践》，中国人民公安大学出版社，2011年版，第37－38页。

每一个人都有各自的意义"。

其五，认可。一个健康的社区不断地肯定自己，它建立自己的道德标准并且执行之。在社区里经常对年轻人进行教育，并且欢迎外来人口的加入。个人通常不仅仅是一个社区的成员。在竞争中幸存的社区有可能是那些坚决执行其主张的社区。

其六，社区维护上的体制安排。在城市中，对社区维护最显而易见的安排就是那些我们称为"政府"的东西。在这个非营利性的组织里，有董事会成员和工作人员，还有可能有一些自愿参与的委员。通过这个体制，由一定数量的个体带领大家完成他们所提出的倡议，同时努力保持队伍的行动性，消除互相之间的隔阂。

上述关怀、信任、参与、认可等社区的基本特征，也是社区警务的内在特征，毕竟，社区警务是以社区为基础且面向社区。社区警务是基于这样一种假设，警察应该与社区合作解决社区问题，社区/社区居民应成为问题定义过程和问题解决过程的一部分。因此，无论任何时期，任何国家的社区警务（至少从理论上）都强调建立伙伴关系（partner-ship）。

早期社区警务中的伙伴关系主要限于警察与社区/社区居民之间，通过一些传统的邻里警务方式实现。比如，让警察不停地巡逻，以便了解社区居民关心的治安问题；警方在社区设立小型岗位，建立步行和自行车巡逻；动员社区组织清理破旧的建筑，捡垃圾，修理破损的窗户，从而使得该地区对罪犯不具吸引力；其他项目包括邻里守望、让年轻人参与运动社团和课外活动、环境设计改进等。

但现在，"伙伴关系"的内涵和外延有了明显扩大。首先，"警察"的概念已经扩大，不仅包括为社区或国家提供安全的所有行为者，还包括其他国家附属的安全组织、非正式社区组织和行为者，以及为国内安全部门改革提供意识形态和财政支持的双边和国际组织。[①] 如学者贝克所说：伙伴关系这个概念现在必须考虑到以国家为中心的警察与其他那

---

① Bayley, D. H. and Shearing, C. D. (2001). The New Structure of Policing: Description, Conceptualization, and Research Agenda, National Institute of Justice, Washington, DC.

些从事警务活动并且在公众眼中具有合法性的安全行为者之间的关系。①

其次，除警察和社区外，更多参与社区警务的利益相关方也加入伙伴关系中，其中既包括政府机构、公共组织和社会团体，还包括私营机构和团体——通常也被称为社区警务中的"公私伙伴关系"。当然，发展和建立这种公私伙伴关系，具有较大挑战性，因为各方对问题、利益、价值、关切和期望有不同的理解，有时甚至是相互竞争的行动者之间的合作。这将影响他们是否愿意参与和成为"伙伴"，并为建立或维持"伙伴关系"作出贡献。"伙伴关系"各方从一开始就承认各自不同的作用、地位和拥有的资源，致力于对话、透明和开放以达成共同理解，承诺在平等、相互信任和尊重各方独立的基础上确定共同的目标和利益，寻找替代方案和妥协，达成共识②——这些被认为是实现"良好"伙伴关系的必备要素，也是社区警务成功的关键，因为"良好"伙伴关系是注入社区警务战略的一项核心原则。现在的趋势是，越来越多的社区警务需要与各种利益相关方一起建立伙伴关系。

越来越多的学者将研究重点放在警察与社区的伙伴关系上，认为良好的伙伴关系是注入社区警务其他战略和改革的一项核心原则。警察可以自己解决问题，也可以通过分权的方式依据自己的决定解决问题，但如果没有社区的协助和参与，就不能被视为社区警务。那么，根据现有的、警察与社区之间已经形成的伙伴关系来看，社区警务是作为一种有凝聚力、全面和有效的警务战略来实施的，还是只是作为一种安抚当地警察、社会团体、政治行为者的口头主张来实施的？简言之，在缺乏有效伙伴关系的情况下，真正意义上的社区警务是否存在？最后的结论是，如果缺乏有效的伙伴关系，社区警务只是警察和政治领导人使用的一种象征性的修辞手段和软弱的政策。

警察改革和试图建立伙伴关系的经验表明，必须考虑四个概念性问

---

① Baker, B. (2010). Security in Post - Conflict Africa. The Role of Nonstate Policing. New York: CRC Press.

② Friedmann, R. R., and Cannon, W. J., "Homeland Security and Community Policing: Competing or Complementing Public Safety Policies", Journal of Homeland Security and Emergency Management, Vol. 4, No. 4, 2007.

题。第一个是"合作"（collaborating）的概念，即社区与警察合作的概念。这就需要区分两种基本的政策工作：思考和认识"警务"（policing）以及做实际的警务工作。通过对"警务"的思考和认识，可以界定警务工作，建立目标和基准，设定优先事项，根据既有标准评估绩效，以及在正式和非正式的环境中与社区沟通。通过实际的警务工作，可以具体实施警务活动，保护社会秩序，预防犯罪，提供服务，处理犯罪问题，镇压骚乱以及保护国家和其他职能部门的工作——这是大多数国家和社区对警察实际工作的正常概念。显而易见，思考"警务"和实施警务的工作方式和合作形式是截然不同的。对普通民众而言，参与"对话"（就如同警务局的领导人喜欢说的那样）比参与实际的警务工作要容易多了。

第二个需要考虑的因素是"共同生产"（co - produce）的概念。"共同生产"，意味着警察和社区共同"生产"安全、保障和幸福。社区或公民参与实际的警务工作可能符合这一想法，但与警察的"对话"是一种差异化"共同生产"形式。从理论上和实践上讲，最有可能让警察和社区形成"共同生产"伙伴关系的基础与前提，是要结合那些被国家认可的、合法的解决问题的政策和以社区为基础的安全政策。

第三个考虑的因素是，社区警务中民众（社区）的参与是一个过程，而不是一种静态的情况。随着新情况、新问题和新合作伙伴的出现，警察与社区的合作关系可能也确实会随着时间而改变。因此，有学者使用"伙伴"（partnering）这个术语，用以描述（合作）动力不断变化下的伙伴关系的动态过程。[①]

第四个关键要素，鉴于界定警务和社区的困难性，有效的伙伴关系可能会将被严格限制在专业警察部门之间，比如情报部门、危机干预小组、研究机构、警察管理部门或者其他一些影响安全和福利的领域内可以提供技术支持的专业化警察部门。这种伙伴关系是在双方具有明确界定的业务范畴和技能（技术）基础上建立的，因此双方是平等的，其知

---

① Wood, J. and Bradley, D. (2009). Embedding Partnership Policing: What We have Learned from the Nexus Policing Project. In Grabosky, P. (ed.), Community Policing and Peacekeeping. Boca Raton: CRC/Taylor and Francis, pp. 117 – 132.

识（knowledge）和承诺是可以信任的。而社区由大量拥有社会资本的人组成，根本不具备凝聚力，缺乏有技能和合法的领导人，无法在对话中始终如一地与警方合作。

因此，为什么一些社区警务改革以失败告终，另一些改革比如社区伙伴关系制度化却取得了成功？社会因素和组织因素可能是新伙伴关系成功与否的决定要素，这里就包括面临问题最基本的假设、能够形成合作关系的必要社会条件以及改革者是否具有企业家式的活动方式。正如伍德和谢尔灵所说，对警务系统、警务改革和警察与社区的伙伴关系等概念或现象的解释不能仅仅通过关注警察或社区来实现，还必须考虑各种影响因素或变量——一个国家或地区的文化、政治、经济、警察组织等因素，这些变量都可以解释为什么世界各地的"伙伴关系"会发生变化①。

二、形成伙伴关系的关键要素

在社区警务中建立伙伴关系有多种"动机"，但其中最重要的目的是试图减少犯罪并提高社区成员的生活质量。一些伙伴关系是警方与社区内的特定人群合作。例如，在美国康涅狄格州，警方与企业主和其他社区代表建立了伙伴关系，制定"杂草和种子"社区警务计划（the Weed and Seed program），旨在帮助识别、逮捕和起诉该地区的暴力犯罪者，并提高警察与公民互动的质量。在芝加哥，警方与拉丁裔社区成员结成了"伙伴关系"，增强少数族裔对警察的信心并增加他们参与预防犯罪活动的意愿。②

社区警务中的伙伴关系还可以是警察和社会服务机构之间的合作，为受害者提供更好的响应和服务。例如女性庇护所、医院和家庭服务，警方与这些机构合作以保护遭受家庭暴力的女性和儿童。在英格兰，警方与地方社会服务机构合作，以更快响应家庭暴力求救电话。其他伙伴

---

① Wood, J. and Shearing, C. (2007). Imagining Security, Cullompton：Willan Publishing.

② Portland State University. Criminology and Criminal Justice Senior Capstone, "Police Community Partnerships：A Review of the Literature" (2011). Criminology and Criminal Justice Senior Capstone Project. 7. https：//pdxscholar. library. pdx. edu/ccj_ capstone/7.

关系还包括警察与医疗保健从业者合作，以改善对性侵犯受害者的救助反应。在坦桑尼亚，警察与医疗保健系统成员之间建立了合作关系，以改善对强奸受害者的治疗。在苏格兰，警方与苏格兰"青年逃亡者联盟"合作，以减少离家出走的青少年。上述不同的伙伴关系中，尽管各方加入的理由不尽相同，但是都有一个共同的"主题"：建立更好的社区关系以提高社区成员的生活质量。这可以被认为是形成伙伴关系的一个前提条件。

还有一些伙伴关系的建立似乎与实现社区安全和提升生活品质有关。比如，美国有超过 500 万成年人受到社区监督。执法、监督和社区资源在应对社区监督的刑事司法相关人群所面临的挑战方面的能力都是有限的。虽然监禁这些违法的受监管者是管理其潜在风险的一种看似简单的选择，但需要浪费大量司法资源，因为监狱和监狱床位有限且昂贵，社区警务成为替代的最好选择。为了维护公共安全和社区福祉，警察和监督机构之间必须建立伙伴关系，这样才能最大限度地发挥其管理社区缓刑人员和假释人员的能力。

这种伙伴关系可以通过多种方式促进受监管者的改造成功，解决社区层面的犯罪问题。

首先，警察和监管机构的伙伴关系可以促进被监管者的成功"改造"。如果缓刑犯和假释犯能够获得稳定的住房和就业，戒毒和戒酒，并参与社会活动，那么这种伙伴关系就实现了直接目标。如果他们没有接受成功的"改造"，很大可能会继续实施犯罪，那么会直接影响到社区安全。

其次，许多缓刑犯和假释犯有可识别的可疑行为（例如，药检失败、违反禁令），虽然单独来看并不严重，但如果不及时加以控制，就可能会导致严重的犯罪活动。例如，以前因吸毒而入室盗窃的假释犯可能会重新吸毒。通过合作，警察和社区监督人员能够及时发现可疑行为，并与其他社区合作伙伴，如心理健康专业人员交流有关这些行为的关键信息，参与协调应对以解决这些问题。如此一来，社区的犯罪风险也有所降低，社区的安全得以维护。

另外，警方和监管人员也可以在伙伴关系中获益。一线工作人员获得新的资源和信息来解决他们的日常公共安全工作；中层管理人员可以采取更全面的战略性"努力"来解决社区犯罪问题；机构负责人能够更好地完成他们负责的公共安全任务。

在这种良好的伙伴关系中，社区或公民可以成为"共同生产者"（co - producer），警察和社区共同"生产"安全、幸福和保障。从理论和实践上讲，最有可能让警察和社区形成"共同生产"伙伴关系的基础，是警察和社区之间建立互相信任的关系。这种互信并不是同时建立的，它首先需要警察对社区与社区成员的权利给予充分尊重，警方决策具有更多的透明度和分享性（与社区分享信息），从而让社区对警察也有足够的了解和理解——尤其在一些比较复杂或具有一定"敏感性"的警务工作中，比如加拿大皇家骑警队与社区成员模拟演习反恐的活动。①

加拿大皇家骑警的工作是基于这样一种理念：成功的警务需要警方与其所服务的社区发展一种良性关系。社区要信任警方，对警方充满信心。如果公民报警，他们会期待警方以一种专业、合理、高效和负责的方式回应。在处理反恐调查时尤其如此。对大多数人来说，真正去理解反恐侦查的复杂性是非常困难的，而电影和电视则提供了警察在追捕恐怖分子时完全可能违反侦查规则的例子，这样的例子不计其数。

为了解决民众对警方工作难以理解的难题，加拿大骑警发起一个模拟演习，在演习中社区成员有机会担任警察这一角色，开展反恐侦查。在演习之前，国家安全调查的各个机构（加拿大国家情报局、加拿大边境服务局、检察署和皇家骑警局）向参与者提供了一系列指示，解释了他们的角色和在法律范围内操作的要求，以及承担责任的情形。另外，独立的文职机构负责审查对皇家骑警的投诉，对皇家骑警为其行为如何担责进行解释。

发布指令后，参与者被分为小组各自与一名协助者开始调查活动。每个小组发放一个笔记本，笔记本上要保持准确的记录。提供一系列的

---

① United Nations Counter Terrorism Implementation Taskforce, Working Group on Protecting Human Rights while Countering Terrorism, Basic Human Rights Reference Guide: The Stopping and Searching of Persons, 2010, < http://www.un.org/en/terrorism/ctitf/pdfs/bhrrg _ stopping _ searching. pdf >.

数据后，"调查者"要根据指示中的信息做出决定。在整个调查过程中，协助者会对调查者做出某一决定的原因以及他们所做的决定是否符合法律、行动和公众的期待提出质疑。两个小时的演习，让参与者成功扰乱了恐怖分子的计划，更为重要的是，离开时他们已经对恐怖主义调查的实践有更为深入的理解。参与者在这些演习中获得了对反恐警务的亲身经历，而这正是基于信任、负责、理解、透明和法治。

一个案例是土耳其迪亚巴克尔警察局的青年参与倡议。这个土耳其东南安纳托利亚地区第二大城市的警察局实施了一系列旨在积极与年轻人接触、建立信任和支持社会凝聚力的举措。

自 2008 年以来，迪亚巴克尔警察局一直在为 3000 多名年轻人组织为期一周的暑假营，营地的主题是"发现你的国家"。营地由来自警察局的工作人员、该国的青年、教育和卫生当局促成。参与的警察首先获得团队辅导、青少年心理学和青少年交流方面的证书。青少年营地的目标是提升归属感、公民感和对土耳其社会文化丰富多样的自豪感。该倡议依赖体育、艺术活动以及与公务员和同龄人的积极有趣的互动经验，目标是解决包容性和机会平等、共同生活、遵守规则、团队合作以及培养对不同背景的人的信任、获得新技能和自信心等问题。

2011 年，迪亚巴克尔警察局又成立了一个新的青年支持中心（YGuth），为生活在三个贫困社区的青少年提供娱乐活动。这些社区聚集了大量的困难家庭，孩子多且住房拥挤，因此，帮派组织和恐怖组织把这里的年轻人当成了招募的重点对象。警方对一个 4 平方千米的区域进行了翻新，建立了一个青年活动中心，配备音乐和艺术工作室、学习中心、电脑教室、会议室、图书馆、小型电影院、小型自助餐厅和体育设施，包括溜冰场。该中心提供学术帮助和各种户外活动，并举办艺术工作坊（音乐，陶器，绘画，戏剧）、英语和土耳其语课程以及电脑/互联网课程。不到两年，该中心现在有已经超过 10 000 名的中学生注册会员。

在土耳其的案例中，社区警察通过增强社区的适应力和凝聚力，通过加强公众与警察的互动和信任，实际上起到了预防暴力和恐怖主义的作用，体现出社区警务中伙伴关系"共同生产"的双赢效果。上述几个案例也告诉我们，社区警务中民众（社区）的参与是一个过程，而不是一种静态的状态。随着新情况、新问题和新合作伙伴的出现，警察与社区的合作关系可能也确实会随着时间而改变。因此，有学者使用"伙伴"（partnering）这个术语，用以描述在（合作）动力不断变化下的伙伴关系的动态过程。①

三、伙伴关系的"非典型"表现形式

学者马金与马瑞林认为，社区与警察之间的伙伴关系和合作伙伴关系的实施，都不能偏离其固有的警务与安全体系、司法文化传统以及政治机构、权力与合法性的动态发展。每一个新的警务系统，真正采用的伙伴关系和社区警务模式将是预期改革目标与限制改革的若干现存社会和警务因素之间的平衡。两位学者总结了现有研究中呈现出的发展有效和平衡的伙伴关系的五个关键因素（或条件）。②

第一，国家的性质。他们认为中央集权制国家（如法国）不像联邦制国家那样倾向于分享权力和权威，而社区警务中的伙伴关系需要分配警察权力和警务资源。联邦制国家更容易通过"分权"实现伙伴关系。

第二，民间社会团体的活力。这些团体要么是社区警务的有效伙伴，要么是要求国家和警察参与伙伴关系的发起者，好的社区警务不能缺少他们的参与和支持。

第三，社区现有的不安全条件。社区所经历或担心（惧怕）的安全条件将影响警察的行为，以及他们应该如何工作。如果警察执法无法增强社区的安全感，那么建立伙伴关系就是一句空话。相反，如果社区犯罪率低，人们能够感受到安全感，警察也依法执法并获得社区信任，那

---

① Wood，J. and Bradley，D.（2009）. Embedding Partnership Policing：What We have Learned from the Nexus Policing Project. In Grabosky，P.（ed.），Community Policing and Peacekeeping. Boca Raton：CRC/Taylor and Francis：117－132.

② Makinand Otwin Marenin David A.（2017）Let's Dance：Variations of Partnerships in Community Policing. Policing，Volume 11，Number 4：421－436.

么伙伴关系才可能真正建立。①

第四，现有的警察和安全体系愿意为建立伙伴关系而改变。② 警察系统习惯于指挥或主导社区工作，真正意义的伙伴关系，需要警察系统的思维和行动发生重大转变，认识到警察机构和社区是平等的合作关系。

第五，警察和社区合作的能力和意愿在很大程度上还取决于警察和民众的历史关系。在集中式警务体系国家（如大陆法系的法国），警察的定位更加强调职权性、压制性，认为国家的需求比民众的需求更加优先。警察的作用首先主要体现为保护国家和权力，其次才是向公众提供服务。这样的警务体系下，警察系统容易出现腐败、执法不当等行为，逐渐失去民众的信任和合法性。这样的警察系统没有动力改变其与民众打交道的方式，更不可能建立所谓的伙伴关系。③

综上，决定社区警务中警察与社区伙伴关系成功的因素包括，一个正常运作的警察系统和社会秩序——这是最低限度的条件；一种基本民主的政治形式；一个充满活力的公民社会，能够组织和表达自己的关切；最低限度的安全——民众的安全感超过其不安全感；无论基于什么原因，警察机构都愿意进行改革；以及基于最低程度的信任与尊重之上的警察和社区之间的互动。

基于上述发展伙伴关系的必备要素，马金与马瑞林在考察多个国家社区警务模式或警务改革的基础上，概括出现阶段几种实质上不具备"伙伴关系"特性的形式上的"伙伴关系"。

第一类，象征性的伙伴关系。在象征性伙伴关系中，尽管国家和警察机关在伙伴关系问题上发表"标准"的社区警务言论，但没有努力与

---

① Scheye, E. (2009). Pragmatic Realism in Justice and Security Development: Supporting Improvement in the Performance of Non-state/local Justice and Security Networks. The Hague: CRU Clingendael Paper.

② Peake, G. and Marenin, O. (2008). 'Their Reports are not Read and Their Recommendation are Resisted. The Challenge for the Global Police Policy Community.' Police Practice and Research 9 (1): 59-69.

③ Baker, B. (2010). Security in Post-Conflict Africa. The Role of Nonstate Policing. New York: CRC Press.

社区开展实际合作。在许多国家，社区没有兴趣与警方合作，甚至没有兴趣与警方接触。这种情况在发展中国家和转型国家相当普遍。也有学者将这种情况描述为警察与社区的"共存"（co‐existence）。

在南美洲，这样的情况比较常见，比如巴西里约热内卢、墨西哥的墨西哥城，还有牙买加。在充斥着毒贩的贫民窟，传统的警察执法（搜查、逮捕）非常常见。居民对警务活动的印象是暴力、糟糕的，认为警察腐败而暴力，同时对社区犯罪充满恐惧。若干年来，警察机关也经历了数次改革以改善紧张的警民关系，但最终都以失败告终。在这些地区，警方都在一定程度上实施了社区警务，比如巴西实施了"维和警察部队"项目（Pacifying Police Unit，UPPS），任命了 3956 名"维和警察"向 74 个里约热内卢的社区（150 万居民）提供服务。这个项目成功将这些贫民窟从贩毒集团手中"夺回"，极大地提升了居民的安全感，改善了民众对警察暴力的糟糕记忆。但在此项社区警务项目实施的过程中，并没有建立任何实质性的警察与社区的伙伴关系，项目的"成功"主要是基于警方的执法努力，居民和社区并没有或者没有机会成为平等的合作伙伴。因此，这就是典型的象征性的伙伴关系。①

第二类，以情报获取为目的的伙伴关系。真正意义上的伙伴关系，应该是警察与社区共享信息并平等对话。在国家安全领域的一些社区警务伙伴关系中，往往强调警察对社区信息（情报）的获取，忽略社区作为伙伴一方对信息的利用和挖掘。在欧洲，如英国、荷兰等国家，国家安全机关和警方一起致力于开展以社区为基础的反恐社区警务。这种社区警务同样强调建立警方与社区的信任，提倡建立伙伴关系，但是更多将社区作为反恐情报的来源，信任与伙伴关系的建立，也是为了从社区及其成员那里获得更多与恐怖主义或极端主义有关的情报或线索。在这样的伙伴关系中，社区在某种程度上承担了"安全机关"的职能。由此产生的后果是，国家的影响扩展到公民的日常生活中，警察与社区的伙伴关系变得不那么注重培养共同责任感，而主要用于积极参与解决安全

---

① Makin and Otwin Marenin David A. (2017) Let's Dance: Variations of Partnerships in Community Policing. Policing，Volume 11，Number 4：421 - 436.

问题。

第三类，合作式（cooperation）伙伴关系。当警察和社区根据各自的能力协商出一套社区警务政策，以便联合起来对安全和司法问题产生更大的影响时，合作就产生了。合作式的伙伴关系主要体现在美国一些地方的社区警务中。尽管警察机关经常开展各种社区警务活动，旨在改善与社区之间的关系，但很少强调在确定优先事项或动员社区参与警务方面的积极伙伴关系。因此，无论从哪个角度看，美国警察所实施的项目都是单向互动的，是为了警察开展工作时的方便。当某个社区警务项目对警察机构有利时，或当其受到最小阻力时，或当其需要最小资源时，就会选择进行这个项目，比如"邻里守望计划"。这些项目似乎显示了警察与社区积极合作的特点，但实际上却主要作为警察和社区之间信息交流的来源而存在，将社区居民作为警察的眼睛和耳朵。[①]

第四类，协作式（collaboration）伙伴关系。协作式伙伴关系指的是已经形成了一套经过协商的专门的制度化实践，或者形成了某种程度的持久的联系、互动和决策，其中决策由特定的行为者共同制定和实施。中美洲国家伯利兹（Belize）试图让社区成员作为协作者参与警务活动，尽管社区对这种伙伴关系有所抵制。为了改善地方警务，警察机关创设了居民巡逻（The Citizen on Patrol）和特殊警察项目[②]（Special Constable Programs），试图在社区中提供一个可见的执法"存在"，阻止社区中的违法犯罪行为，同时鼓励社区居民积极参与。社区参与者没有执法权力，而是通过电话和无线电向警方报告所有事件。据伯利兹警察局称，约有100名警务志愿者参与巡逻，但志愿者人数在逐渐减少。尽管这项社区警务的倡议和重点是通过居民巡逻和特殊警察增强社区的治安防控能力，但社区居民一直不愿意积极参与警务活动，因为许多人认为"居民不应该冒着生命危险去做一名警察的工作"，社区期望警察维持社会秩序。最后，如同其他许多国家和地区那样，伯利兹的协作式社区警务

---

① Makin and Otwin Marenin David A. (2017) Let's Dance: Variations of Partnerships in Community Policing. Policing, Volume 11, Number 4: 421 - 436.

② 由普通市民充当的临时性警务辅助人员。

以失败告终。①

第五类，制度化伙伴关系。就学者托马斯看来，所谓的完全制度化和平等的伙伴关系就应当是，一个"伙伴"不与另一个"伙伴"协商就不会着手制定任何政策。所有重要的决定都必须得到双边或多边的同意。南非是具有制度化伙伴关系的代表国家，有相当多平行警务的例子，在国家不能或不愿意提供安全服务或者完全不受欢迎时，制度化"伙伴"——私刑就起到相当重要的作用，其中最典型的就是人民党和平委员会（the CPP's Peace Committee）。和平委员会的出现提供了一种以社区为基础的、解决一系列犯罪和反社会行为的冲突和争端的机制。它存在于正式的刑事司法系统之外，但涉及谋杀、强奸和武装抢劫的案件以及警方正在调查的任何案件不在其管辖内。该委员会与受害者和罪犯一起寻找解决冲突的方案，如果委员会不能解决，则将"案件"移交给警方。截至2005年，共有20多个和平委员会裁决了11 000多起"案件"。和平委员会确实试图"避开"警察——警察被视为正式刑事司法系统的官方"守门人"。再者，社区以警察的身份行动，将"案件"提交法院。同时，社区又充当法院进行调解，并在必要时做出符合社区规范的裁决和处置。社区试图解决其本身的犯罪问题，把关注的重点放在导致反社会行为和社区问题的原因上，而不是症状上。②

在非洲，虽然有许多尝试引入自上而下的西方警务，但是，诸如国家建设不完整、犯罪率高、官员腐败猖獗、资源不足以及民众对警察的信任有限等因素，使得采用以欧美为中心的社区警务不太现实。在非洲国家，社区警务的形式通常与西方国家的已知模式截然不同，在一些情况下，社区警务被理解为私刑主义或让社区准警察团体参与管理社区一级的公共秩序，比如尼日利亚、坦桑尼亚和肯尼亚。

非洲是民兵的沃土，乌干达、苏丹，以及曾经的坦桑尼亚，都建立了辅助部队来协助警察维持公共秩序。这些辅助部队通常缺乏训练，纪

---

① Makinand OtwinMarenin David A.（2017）Let's Dance：Variations of Partnerships in Community Policing. Policing，Volume 11，Number 4：421－436.

② Makinand OtwinMarenin David A.（2017）Let's Dance：Variations of Partnerships in Community Policing. Policing，Volume 11，Number 4：421－436.

律差，且薪酬低廉。乌干达在全国各地设有"地方防卫分队"，警察可以为特定目的和事件动员这些分队。这些辅警便宜，无处不在，在许多情况下是国家在最偏远地区的唯一代表。与社区警务形式相关的一个关键变量是国家缺乏提供服务的能力。

在非洲，长期资源不足的警察机构和私刑主义之间可以说有很高的相关性。例如，坦桑尼亚的警察与居民的比例为 1 : 2000。在乌干达，警察与居民的比例为 1 : 1800。这些数字与欧洲 1 : 350 的平均比例相比就相形见绌了。联合国的建议是 450 名居民配 1 名警察。在警力不足的地区，社区可能会在危机情况下自行执法，因此国家可能真的很想容忍甚至鼓励私刑主义。在这样的背景下，才会出现所谓的制度化伙伴关系。

四、伙伴关系：差异、适应与调整

在大多数现代国家，社区警务已经成为传统警务实践的一项重大战略。社区警务注重建立警察与社区的伙伴关系，以使整个警察组织、所有政府机构和社区都积极合作来解决问题。社区警务并不改变民主警务的总目标——维护公共安全、法律和秩序；保护个人基本权利和自由，尤其是生命权；预防和侦查犯罪；向公众提供协助和服务，以减少恐惧和社会紊乱，而是提供了一种在实践中更加有效和有效率的战略实现这些目标。

社区警务的核心前提是社区应该在增强安全、维护社会秩序和解决犯罪对社区影响方面提高参与度，因为警察不能独立完成这一任务。为了实现这样的伙伴关系，警察必须更紧密地融入社区，并应通过统一和改进公众服务来加强他们的合法性。社区警务的核心原则是警察能够做到让公众可以看到并接近他们，被公众所知；参与、动员和与社区合作；听取社区关注，回应社区需要；尊重和保护每一个社区成员的权利，对自己的行为和行为产生的后果负责。

合伙和合作意味着承认警察需要社区的帮助。国际警察局长协会（the International Association of Chiefs of Police，IACP）的代表理查德·贝瑞（Richard Beary，2015）在"21 世纪警务工作大会"上说，"我们认识到，在降低犯罪水平方面，没有任何一个因素比执法机构和我们所服务的社区之间的伙伴关系更重要。"为了实现真正有效的犯罪预防，警察机构不能单独行动，必须得到公民和社区的积极支持和帮助。如果缺少合作关系的透明度，缺少合作伙伴之间的一致性以及平等性，犯罪控制和秩序维护将大打折扣，民众对警察的信任会受到损害；警察的合法性将被削弱。①

然而，由于经济、结构、文化、政治和警察组织方面的差异，一些寻求警务改革的国家在发展伙伴关系的努力中明显缺乏社区能力或社会资本。因此，一些观察家质疑社区警务对发展中国家和转型期国家的适用性和可行性。批评者认为，研究表明，当新模式（指社区主导警务模式）的好处被高估，或者其适用与一个国家的警务历史或社会文化、政治和社会正义的规范明显不符时，警务改革将不会也不能得到适当的实施。②

虽然社区主导警务的表述和实施原则各不相同，但全球范围内所有社区警务的内容和形式都包括警察及其社区的伙伴关系和共同发展的基本概念。其他核心内容包括通过解决问题的方式进行远程犯罪预防；警察机构内部跨级别、跨职能和跨地区的权力下放；以及根据本地情况调整伙伴关系、解决问题和分散注意力的必要性。伙伴关系和社区警务的基本原则不能不加批判地照搬，而必须适应本地具体情形，这需要对当地条件进行细致入微的分析。

将一种固有的"伙伴关系"模式适用于具有不同政治、经济、文化、意识形态因素的国家和地区，是典型的经验主义。这也是为什么在不同国家和地区的社区警务中，体现"伙伴关系"的方式呈现出很大差异。社区警务运行得好或不好，是否取得成功，通常只有社区所处地区的条件和社区警务政策作为警务改革两个主要指标，导致警务改革仅有

---

① Beary, R. (2015). Testimony of Chief Richard Beary. President of the International Association of Chiefs of Police, Before the Taskforce on 21st Century Policing Listening Session: Building Trust and Legitimacy, Washington, DC. www.theiacp.org.

② Hills, A. (2012a). 'Lost in Translation: Why Nigeria's Police Don't Implement Democratic Reforms.' International Affairs 88 (4): 739 – 755.

两个突出的特点——权力下放、重视问题解决（预防犯罪）。当然，权力下放和预防犯罪无论对警察还是社区都有一定意义，尤其对警察的影响更大。但令人遗憾的是，在许多警务改革项目中，社区与警察之间的积极伙伴关系往往被忽视了。

实践中的案例表明，通过改变警察结构（如设置警察分局）或改变警务行为（如徒步巡逻、社区论坛）更容易实现社区警务。而通过改变隐藏的文化因素来改变警察服务的基本性质，相对而言要困难许多。因此，将社区警务视作一种"基于规则"的警务模式比将其视作一种"基于价值"的警务模式要更加容易。

第三章

风险社会中社区警务的跨学科重塑

　　乌尔里希·贝克将后现代社会诠释为风险社会，其主要特征在于：人类面临着威胁其生存的由社会所制造的风险。全球性非法毒品贸易、恐怖主义、网络犯罪和自然灾害，威胁着各国经济及其公民的安全和保障。作为第一反应者和安全提供者，警察在处理这些威胁时起着至关重要的作用。然而，在财政紧张的环境下，警察必须用更少的资源来满足这些需求。同时，人们愈发认识到，警察不可能无所不在，无处不在，必须依靠公众的支持来解决"问题"，正如罗伯特·皮尔爵士所说的，"警察即公众（police as the public）"，"公众即警察（the public as the police）"——这也是社区警务和问题导向型警务的核心。

　　多年来，各种警务战略试图加强社区对警察的支持，但是公众面临的各种风险充满着不断增长的复杂性、多样性和易变性，传统的社区警务策略已经难以应对，需要加以延伸和创新。21世纪后，"弹性"这个物理学中的词汇，被更广泛地应用于社会科学领域，其中包括警务研究。将当代警务发展与新兴的跨学科"弹性"领域相结合，弹性可以而且应该被视为当代警务的一个新兴特征。在社区警务发展的背景下，作为安全专业人员的警察能够通过"弹性警务"参与到社区新出现的"危害"安全治理过程中。

一、弹性的定义与跨学科延伸

　　弹性（resilience）在物理学中是指物体发生形变后，能恢复原来大小和形状的性质，与挠性相对。现在，弹性已经成为一个无处不在的概念，该术语的发展跨越了各种领域，从机械工程到生态学，从灾害风险管理、心理学、城市研究到国防和国家安全。这个术语已经成为我们日常语言中的"习惯用语"。"弹性"从其早期的发源领域自然科学已经延伸到社会科学甚至更远的领域。

　　学者汉德默和多弗斯将"弹性"概念运用到应对工业和环境风险的背景下，提出了"弹性"三个层次的内涵：其一，拒绝改变；其二，最小限度的适应和变化；其三，具有灵活性。[①] 在材料科学中，"弹性"一

---

① Handmer, J. W. and Dovers, S. R. (1996). "A Typology of Resilience: Rethinking Institutions for Sustainable Development". Industrial and Environmental Crisis Quarterly 9 (4): 482 –511.

词被用来表示一种材料的能力——例如，一个弹簧在受到压力后恢复到原始状态，这个概念已经被修改为包括保护社会—生态系统和适应未知未来风险的能力。

在生态学领域，沃克等学者详细阐述了这些区别，他们将生态弹性定义为"系统吸收干扰并在经历变化时，保持相同功能、结构、特性和反馈的重组能力"①。因为一个实体的原始状态可能不适合新的环境，所以它通常指的是"抵抗"和"从挫折中恢复"的能力以及"继续前进"并转向新的平衡，无法"向前跳跃（bounce forward）"到新的状态，已经与"刚性陷阱（rigidity trap）"的理念联系在一起。在"刚性陷阱"中，一个实体无论出于什么原因，被"锁定（locked in）"在特定的结构、形式或系统中，并且无法适应。霍林在探索生态系统的弹性时，将其定义为系统在重大环境破坏中生存的能力②。马吉斯使用弹性理念来预测"在充满变化、不确定性、不可预测性和令人惊奇的环境中蓬勃发展"的理念③。

研究安全治理的学者和实务工作者从上述定义获得启发，用"弹性"思维来解读当代风险及其相关危害，比如，学者伯格和希尔林（Berg and Shearing，2018）创造了术语"灾害事件（harmscapes）"来论述这些情况。他们认为，当代的这些灾害事件具有根本的不确定性和不可预测性，必须以各种"弹性"策略来应对这些风险和危害。④

这一系列的新兴含义已被用于越来越广泛的领域，包括特定组织（如社区、警察队伍）研究，安全治理与国防研究，犯罪学研究，等等。在组织研究领域，学者麦金农和德里克森创造性地提出一个更适用于社

---

① Walker J., Cooper M. (2011). 'Genealogies of Resilience: From Systems Ecology to the Political Economy of Crisis Adaptation'. Security Dialogue 42 (2): 143 – 160.

② Holling, C. S. (1973). 'Resilience and Stability of Ecological Systems'. Annual Review of Ecology, Evolution and Systematics 4 (1): 1 – 23.

③ Magis, K. (2010). 'Community Resilience: An Indicator of Sustainability'. Society and Natural Resources 23 (5): 401 – 416.

④ Berg, J. and Shearing, C. (2018). 'Governing – through – Harmand Public Goods Policing. The Annals of the American Academy of Political and Social Sciences 679 (1): 72 – 85.

会科学范畴的弹性概念，让社区能够团结起来朝着共同目标努力的能力[1]——其精髓类似学者桑普森所提出的"集体效能（collective efficacy）"理念[2]。例如，加拿大社区复兴中心（the Canadian Centre for Community Renewal）将弹性社区定义为有意识地采取行动、提高公民和机构的个人和集体能力，以应对和影响社会和经济变革的进程。

欧洲安全委员会认为，提高社区凝聚力可以显著减少抢劫、袭击、街头犯罪和其他暴力行为。与凝聚力紧密相关的是"社区弹性"的概念。社区弹性指的是一个社区抵御、应对和从各种各样不利事件中恢复的能力，这些事件既可能是自然灾害，也可能是由个人或群体引起的社会事件，如犯罪、社区内或与社区之间不同群体的冲突和紧张局势。[3]

2011 年 7 月 22 日，挪威人布雷维克发动的恐怖袭击造成 77 人死亡，300 多人受伤。袭击发生之后，针对非挪威族裔和挪威穆斯林的仇恨言论和骚扰有所增加。挪威首相公开声明：恐怖主义的目的是在所有或部分公众中激起恐惧，以吸引他们的注意力，将他们的不满、目标和要求强加于社会和国家。他们试图通过他们的阴谋、周围的舆论、对现实的特殊解读以及应该做什么来实现其目标，这些攻击及其传达的含义可能对社会产生巨大的分裂性影响。[4] 当恐怖袭击发生之后，政府鼓励加强社会凝聚力面对恐怖主义，重申致力于民主和法治，拒绝暴力和分裂，其强调的是通过加强"凝聚力"提升社会（社区）的恢复力，这就是"弹性"运用于国家安全的一种体现。

随着"弹性"思维在各个领域的延伸发展，警务学术领域也有一些

---

① Mac Kinnon, D. and Derickson, K. D. (2013). 'From Resilience to Resourcefulness: A Critique of ResiliencePolicy and Activism'. Progress in Human Geography37 (2): 253 - 270.

② Sampson, R. (2006). 'Collective Efficacy Theory: Lessons Learned and Directions for Future Inquiry. ', In FrancisT. C. , Wright, J. and Kristie B. (eds), Taking Stock: The Status of Criminological Theory. New Jersey: Transaction Publishers, pp. 149 - 167.

③ Organization for Security and Co - operation in Europe: Preventing Terrorism and Countering Violent Extremism and Radicalization that Lead to Terrorism: A Community - Policing Approach. Published by the Organization for Security and Co - operation in Europe Vienna, February 2014.

④ Danish Ministry of Social Affairs and Integration, Preventing Extremism - A Danish Handbook Series: Local Strategies, Copenhagen, April 2012 [EB/OL]. http://www.sm.dk/data/Lists/Publikationer/Attachments/570/INM_ Local_ Strategies_ UK_ nolinks. pdf.

学者对"弹性"的内涵与理念给予更多的关注，并试图将其与犯罪防范等警务的基础理论结合起来，尤其是当警察机构面临需要解决的灾难性事件，如恐怖主义和气候变化引发的风险与危害越来越多的背景之下。尽管目前警务学术领域没有普遍采用"弹性"一词，但已经有更多的警务研究者，在谈到"预防犯罪和安全"的挑战时认识到了这些发展，如德纳（Zedner，2007）[①]，布罗德（Brodeur，2010）[②] 认为犯罪学必须适应警务网络中出现的挑战，在这个"风险时代"，建设"弹性警务"尤为重要，特别是发生与恐怖主义、流行病和自然灾害有关的难以预测的灾难时。

二、新环境下弹性理念的转向

2001 年"9·11"恐怖袭击发生之后，欧美一些学者提出要以新的社会治理理念与方法去应对"风险社会"。贝克（Beck，2003）认为，对"9·11"事件需要用一个新的词汇来阐明我们在管理和治理一个风险不断扩大的社会……我们生活、思考和行动的理念在历史上已经过时，但它仍然继续支配着我们的思维和行动。"[③] 莫洛奇和麦克莱恩（Molotch and McClain，2003）也提到"'9·11'事件表明了城市安全面临一种新的威胁，意味着需要'保护'城市的新知识或者至少新方法"[④]。

在"9·11"事件后的十年中，"弹性理念（resilience idea）"在欧美国家应急准备、危机应对和国家安全的行动战略中无处不在。以美国为例，自 2002 年美国国土安全部发布《国土安全国家战略》（*National Strategy for Homeland Security*，2002）以来，"弹性"这一术语的使用激

---

① Zedner, L. (2007). Pre – Crime and Post – Criminology？. Theoretical Criminology 11 (2)：261 – 281.

② Brodeur, J. P. (2010). The Web of Policing. Oxford：Oxford University Press.

③ Beck, U. (1992). Risk Society：Towards a New Modernity. Thousand Oaks, CA：Sage Publications.

④ Molotch, H. and McClain, N. (2003). 'Dealing with Urban Terror：Heritages of Control, Varieties of Intervention, Strategies of Research'. International Journal of Urbanand Regional Research 27 (3)：679 – 698.

增。美国 2007 年发布的"修订版国家战略"汇集了应急组织、政府机构及私营企业在危机面前的"弹性操作（operational resilience）"理念："尽管我们尽了最大努力，但面临挑战美国安全的各种风险，我们无法做到百分之百的安全防护。对于这些我们无法或提前准备应对的潜在威胁，我们必须理解并接受一定程度的风险作为永久的条件。"《2007 年国土安全国家战略》的引人瞩目之处，不仅在于它强调了"弹性"的重要性，将其作为国家防范的战略和意识必要性，还因为它在规划危机时充分考虑了金融和环境方面的因素。

"弹性"理念也在英国的国家安全战略上有明显体现。自 2000 年以来，英国政府就提出了"联合应急服务操作原则（the Joint Emergency Services Interoperability Principles）"，其中包含遭遇各种灾害时的应急准备理念。英国内阁办公室（the UK Cabinet Office）也逐渐认识到"弹性建设"的重要性，提出建立"社区弹性"来抵御客观环境冲击的重要性，以及不同的应急服务需要通过沟通和共享资源进行合作。

典型的例子是，2005 年"7·7"恐怖袭击发生之后，英国在其社区警务中加入反恐因素，在全球首当其冲开启了社区反恐警务模式。这是一种"弹性"思维的运用，即在反恐领域创造"集体效能"，让社区能够团结起来朝着共同目标努力，建立社区"弹性"来抵御外来冲击；同时建立不同应急服务部门的合作机制，加强沟通和资源共享，即所谓的联合应急服务互操作性原则（the Joint Emergency Services Interoperability Principles）。

国家安全领域之外另一个应用弹性概念的领域是电力安全和电网的完整性。在考虑减少电网断电产生的有害影响时，美国国家科学院（the National Academy of Sciences）认为："突然断电的损失及后果影响超出了正常经验的范围，所以人们和相关机构很难推测实际产生的危害后果。如何减少大面积、长期电网故障的不利后果，是一个未知的、具有挑战性的问题，需要进行弹性规划，需要参与的行为者——从第一反应者到关键基础设施的运营者进行充分合作。"① 而警察通常被确定为对抗

---

① United Nations International Strategy for Disaster Reduction（UNISDR）（2005）. Hyogo Framework for Action（HFA）. Geneva：UNISDR.

各种风险的行为者，既是灾难性事件的直接反应者，又在社区层面行使其间接职能，在风险事件的规划、准备、持续和恢复等阶段发挥着重要作用。

近年来，人们越发意识到人类行为对地球产生的影响，越来越多的人意识到，灾难以及警察应对灾难的需求与"人为"风险的关联性。同样，为了应对日益增加的灾害损失，灾害管理专业人员和安全政策制定者主张采取各种形式的弹性策略来应对损失，并从其影响中实现"反弹"。例如，美国联邦应急管理局制定了《国家灾难恢复框架》《全社区应急管理方法》等应对灾害的弹性策略。

在国际层面，1999 年成立了"弹性联盟组织"（The Resilience Alliance，RA）。这个探索动态社会生态系统的国际多学科研究组织，致力于促进对恢复力、适应能力以及社会和生态系统转型的理解和实际应用，以应对变化并支持人类福祉。RA 以其在全球范围内的比较研究和综合能力而闻名，这种能力植根于地方和特定区域环境的研究。

随后，2005 年联合国在日本神户召开了第二届世界减灾会议。会议通过《神户宣言》和《神户行动框架》，为未来 10 年全球减灾确立了战略目标和行动重点。《神户行动框架》[①] 的主要目标是：确定开发自然灾害国际早期预警系统并建设为其服务的全球信息网络系统，建设国民和社区的抗灾能力。呼吁所有国家"开发早期灾害预警系统""建立并加强各国的减灾管理系统"，"开发和更新风险地图以及相关信息，并向决策制定者和普通公众发送"。2013 年联合国又制定了《仙台框架》[②]（Sendai Framework，2013—2015）。目标是通过社区和志愿者参与、能力建设和技术转让等方式建立弹性社区，以使社区在保护自己免受灾害或从灾害中恢复方面更加强大。

自然灾害，恐怖袭击，这些都是新环境下人类面临的安全威胁。越

---

① United Nations International Strategy for Disaster Reduction（UNISDR）（2010）. Hyogo Framework for Action 2005—2010：Building the Resilience of Nations and Communities to Disasters. Geneva：UNISDR.

② United Nations International Strategy for Disaster Reduction（UNISDR）（2013）. Business and Disaster Risk Reduction：Good Practices and Case Studies. Geneva：UNISDR.

来越多的研究表明，在新环境之下，警务的内容不再简单由我们所看到的违法犯罪来界定，而是越来越多地取决于气候和其他环境灾害因素的变化，比如因气候恶劣导致大规模移民引发边境危机、资源稀缺导致国家内乱、气温上升致整体犯罪率提高。

前澳大利亚联邦警察局长基尔蒂（Keelty，2007）将气候变化描述为"21 世纪的安全问题"[1]。在这种情况下，学者克里斯·艾伯特（Chris Abbott，2008）主张，诸如警察之类负责保护和维持国家安全的执法机构，需要更好地应对不断变化的全球环境[2]。

在警务资源持续减少的情况下，鉴于警察在"警务网络"中作为国家代理人的关键作用，他们正受到不确定、不可预测和灾难性危害的直接影响。长期以来，警方一直试图通过动员其他资源来帮助自己，以解决不断扩大的需求和有限资源之间的矛盾。比如，社区警务就是警察招募普通公民，使其协助警察掌握当地情况和维护社区治安。而在当今这种灾难性危害和严重资源挑战并存的背景下，弹性警务的重要性更加凸显。"弹性"概念强调管理变革的过程，重视社会系统恢复，并将损害最小化。通过"弹性"理念引入警务体系，我们需要重塑对社区警务的既定理解。

三、弹性警务的新框架

越来越多的安全风险要求运用弹性警务。澳大利亚学者塔里罗·慕容格，卡梅伦·霍利等（Tariro Mutongwizo，Cameron Holley）创新性地构建了一个弹性警务的新框架。

卡梅伦·霍利等人认为，这样一种弹性理念上的社区警务模式，可以使犯罪预防更具前瞻性，也可以让警察和社区这两类互相依赖的治安维护者更加适应新环境。不确定的安全风险与各种灾害频发，就需要警察在社区抵御客观环境冲击方面发挥主导作用。

---

① Chambers，D. A.（2011）.'Policing and Climate Change'. The Australian Journal of E-mergency Management 26（3）：54－56.

② Abbott，C.（2008）. An Uncertain Future－Law Enforcement，National Security and Cli-mate Change. London：Oxford Research Group（ORG）.

第一个要素：不确定的新灾害。

全球性毒品贸易、恐怖主义、网络犯罪和自然灾害，这些因此共同威胁着各国经济及公民的安全和保障。作为危害（灾害）的第一反应者和安全提供者，警察在处理这些威胁时起着至关重要的作用。在越来越多不确定的灾害（危害）出现的时代，警察的作用越来越重要。然而，另一方面，在财政紧张的"窘境"之下，警察只能用更少的资源去实现这些目标。

在美国，由于枪支放开，其成为社区枪支暴力发生率最高的国家。枪支暴力具有明显的不确定性，人们无法预知何处何时会发生。现有的警察力量并不能够快速准确地应对这种不确定的安全风险。2022 年 5 月 24 日，美国得克萨斯州尤瓦尔迪市罗布小学发生了一起骇人听闻的枪击案，造成 21 人死亡。枪手萨尔瓦多·拉莫斯是当地一名 18 岁的高中学生。案发后得克萨斯州安全官员说，尤瓦尔迪市罗布小学 24 日发生枪击事件时，被困教室中的孩子们多次打电话求救，但 19 名警察等在教室外迟迟没有进入营救。得州警方承认，现场警察作出错误决定。安全官员表示，警方本可以在 3 分钟内阻止罗布小学的大规模枪击事件，他们的反应是"赤裸裸的失败"。

第二个要素：警务能力的转变。

2022 年 5 月，联合国减少灾害风险办公室发表的一份报告指出，以目前的趋势发展下去，世界将从自 2015 年起每年发生约 400 场灾难，上升到 2030 年起每年发生约 560 场灾难。报告还举出 1970 年至 2000 年的灾害数据，相比之下，当时每年全球遭受 90 至 100 次的大或中型灾害。1990 年起，自然灾害每年给世界带来约 700 亿美元的损失。报告称，在考虑到通货膨胀进行调整后，现在全球每年因灾害损失超过 1700 亿美元。①

新的危害不断涌现，且日益严重。这种发展趋势也给警务提出新的要求：警务的重点不应限制在犯罪预防和犯罪打击领域，而应在防范和

---

① "联合国报告：50 年来全球灾难从每年 100 起增加到 400 起，且仍在上升"，https：//xw.qq.com/cmsid/20220426A0CW8W00.

应对自然灾害、恢复和重建方面提供更多重要的帮助，比如切实提高灾害应对能力，提升社会公众自我避灾能力和社区重建等。世界处于不断变化的状态，而更多的安全责任落在警察肩上。

时任新南威尔士州警察局局长安德鲁·西皮奥尼（Andrew Scipione）曾提及澳大利亚社区警务中的"弹性"问题。他谈到警察参与社区建设，弹性应对 21 世纪灾难的必要性。[①] 西皮奥尼提出"弹性社区"这样一个概念，建设"弹性"的社区，将成为更有效地应对 21 世纪危害的社区警务模式。在西皮奥尼看来，弹性警务可以让警察帮助从灾害冲击中恢复的社区，建立和扩大既定的治安参与形式。弹性警务的主体是警察，"客户"是社区，警察帮助社区应对、防范各种灾害和危险，以及重建和恢复社区秩序。

第三个要素：招募其他警务资源。

在过去的几十年里，警务工作发生了巨大的变化——越来越多的私营部门和社区和警察一起提供警务服务，而且在警务工作中起到越来越大的作用。比如，为了控制社区的毒品交易，警方会积极促使房东或公租房的管理人员加入警务计划，不再租房给毒贩；医务人员不为有吸毒前科的人开具含有麻醉成分的处方药。为了控制社区的街头暴力，尤其是夜间的打架斗殴、破坏公共财产、抢劫等违法行为，警方会"邀请"私人企业主一起参与社区警务。酒吧、夜总会老板不再向有暴力前科的顾客售酒或实施售酒时间限制（在白天不得售酒）；培训酒吧或夜总会经理和员工，让他们辨识有暴力倾向的顾客；便利店老板加强便利店的照明，安装监控，以预防抢劫，等等。这些都涉及在传统犯罪控制领域招募更多的警务资源。

随着更多无法预知的新灾害——人为灾害或自然灾害的出现，警方的主要优先事项之一变成加强公共秩序与应急管理，反恐预防、准备、应对和恢复。为此，警方需要招募更多公共机构、私人企业和社区参与警务工作，从而建立对公共安全威胁和大规模集会的抵御能力。为了应

---

① Australian Cyber Security Centre （2017）. Australian Cyber Security Centre：2017 Threat Report. The Australian Cyber Security Centre （ACSC） of the Australian Government. http：// apo. org. au/system/files/113536/apo – nid113536 – 448031. pdf （accessed 23 February 2018）.

对这种不断变化的安全治理环境，警方将他们的任务重点从关注犯罪转向了其他引发安全威胁的根源。

弹性警务早期发展的核心是重塑"警察—社区"伙伴关系。比如，在影响国家安全的反恐领域，越来越多的政府意识到，有效对抗恐怖主义的多方威胁需要非政府利益相关方的参与，比如媒体、企业和民众，建立和发展旨在预防和打击恐怖主义的公私伙伴关系。这种以社区为导向的反恐政策认识到并强调社区、社区成员、社区组织、其他民间社会和私营机构的作用，将他们视为反恐的积极利益相关方，鼓励和授权这些利益相关方在应对恐怖主义的预防、准备、迅速反应和恢复方面"贡献力量"。重塑"警察—社区"的伙伴关系意味着警方要赋予社区更多权力，包括鼓励社区成员，并为他们提供采取行动和获得集体影响力的机会；充分尊重社区的决定；增加警方决策、执行和审查方面的透明度、可行性和协商度等。

第四个要素：警察与社区建立平等的伙伴关系。

警察的作用不仅在于直接应对危害（恐怖活动或战乱），还包括汇集恢复秩序所需的各种资源，如社区、私人机构等，在事故发生后帮助社区迅速恢复，并锻炼警方自身应对未来不确定危害的能力。学者苏加迪（Sukabdi，2016）对警察支持恐怖主义受害者的举措进行了研究，分析了警方将受害者转变为"倡导者"从而帮助社区重建的过程。[①] 在这个案例中，和以往传统的社区警务形式不同的是，警察正在成为社区安全网络的节点——而不是中心，积极参与社区能力建设。

澳大利亚维多利亚州的一位警察局长曾经提及警察和社区之间关系的转变。他说："维多利亚的每个乡村小镇都有现成的社区服务组织，正寻找机会为他们的社区服务，如果参与得当，他们将成为建立弹性社区的强大力量。我们需要促进社区教育，这样我们才能赋予他们（社区服务组织）权力。我们需要与他们合作，而不是在灾难发生时指挥他

---

① Sukabdi, Z. A. (2016). 'Building Community Resilience: Strategic Role of Police with Bombing Victims'. Police Practice and Research: An International Journal 17 (2): 160–170.

们。我们需要鼓励社区去挖掘自身的'弹性',以为应对自然灾害做准备。"①

　　在受枪支暴力威胁的美国康涅狄格州纽黑文市,警方和研究人员一起致力于设计和开发建设社区恢复力的弹性警务方案——以社区为主导的干预策略,以减少社区成员参与枪支暴力,并减轻枪支暴力对生活在高发案率社区居民的建康影响。该方案以兰德公司为应对灾害开发的"弹性应对灾害"(Building Resilience to Disasters)框架为蓝本,由警方作为主要推动者,指导各方组织、机构和社区的更广泛参与(参见表1)。在这个干预策略中,旨在建设社区复原力的八项杠杆(指标),都需要社区、政府部门、私营企业建立伙伴关系,而警方则起到推动者的作用。

表1　建设社区复原力的八项杠杆

杠杆	定义	社区警务干预的样例
健康	促进枪支暴力发生前后的人们的健康	利用空地创造绿色空间以提高安全性和视觉效果;制定公共卫生政策,以促进健康的生活方式并加强心理健康
获得	确保获得高质量的健康和社会服务	与当地社区卫生中心合作,在枪支暴力事件发生后延长心理健康服务事件;枪支暴力发生后立即在家中为社区成员提供心理急救
教育	确保向公众提供有关灾难发生前、发生中和发生后的准备情况、风险和资源的持续信息	对当地学校的儿童进行枪支安全教育;培训社区合作伙伴进行适当的风险沟通和应对枪支暴力的技巧
参与	促进在制定、响应和恢复活动中的参与性决策	让酒吧老板等当地企业主参与暴力预防工作;制订社区计划,以重建社会关系
自给自足	促进和支持个人和社区承担起自我应对的责任	推广认可社区成员作为枪支暴力"第一反应者"发挥重要作用的计划: 建立一个电话或文本浏览器,在发生枪支暴力事件后直接激活

---

① Klein, R. J., Nicholls, R. J. and Thomalla, F. (2003). 'Resilience to Natural Hazards: How Useful Is the Concept?' Environmental Hazards 5 (1): 35 – 45.

杠杆	定义	社区警务干预的样例
伙伴关系	在政府和非政府组织内部和之间建立强有力的伙伴关系	与当地警方合作开发短信程序，以促进有关枪支暴力事件的信息交流；确定存在哪些社交网络以及如何在枪支暴力发生时和预防中激活它们
质量	收集、分析和适用有关建立社区复原力的数据	收集和监测社交网络、社区复原力和枪支暴力的措施，以评估不同时间段的程度变化；分享与复原力和恢复相关的数据和经验教训，以改进建设复原力的活动
效率	尽可能利用多种资源，最大限度地提高效率	向非政府组织提供资金以制订应对枪支暴力的计划；制定评估枪支暴力事件发生时社区对资源分配的需求

澳大利亚南昆士兰的一个案例①也直观体现出社区的"弹性"的形成，警方不再把社区视作警察的"帮手""协助者"，而是承认社区在预防性警务中的中心作用，是警察的"合作伙伴"。

学者沃尔顿（Walton et al, 2013）等人举例说明了社区"弹性"的形成②。在一个偏远地区，为了解决天然气严重不足，该社区不得不采用水力压裂法提取天然气，这项工程使得该社区聚集了为数不少的工人。这些临时居住在社区的工人，一到晚上就去酒吧和夜店喝酒，从而引发了酗酒、斗殴等破坏社区治安的问题，社区原本安静稳定的秩序被打破了。在这种情形下，警方意识到仅仅依靠自身力量是不足以解决这些问题的，因为不可能把这些人都抓起来，他们中的绝大多数并没有犯罪。于是警方找来了关键的"利益相关者"，包括天然气公司、酒吧和夜店，警方与他们"积极合作"，制定了共同监管这些工人的方法，比如，在工人合同中增加新条款，所有酒吧和夜店增加新的"顾客规则"，

---

① Walton, A. , McCrea, R. , Leonard, R. and Williams, R. （2013）. 'Resilience in a Changing Community Landscape of Coal Seam Gas: Chinchilla in Southern Queensland'. Journal of Economic and Social Policy15 （3）: Article 2.

② Walton, A. , McCrea, R. , Leonard, R. and Williams, R. （2013）. 'Resilience in a Changing Community Landscape of Coal Seam Gas: Chinchilla in Southern Queensland'. Journal of Economic and Social Policy15 （3）: Article 2.

公交部门则增加夜间公共汽车服务等。经过一段时期的"试验"，这种多方"利益相关者"参与的社区警务模式产生了很好的效果，因工人酗酒引发的社区治安问题得到根本的解决。这就是所谓的弹性警务中的责任分担，将维护社区安全的责任分担给各方"利益相关者"——警方的合作伙伴，权力也相应下放给各方，从而提升各方的合作积极性。

由此可见，弹性警务实现的核心要素是，警方将权力下放给社区，警方与社区形成平等的伙伴关系，双方共同讨论和制定社区的安全策略。警方不再是自上而下与社区"合作"，社区主动积极参与建设和恢复社区的"弹性"。

四、弹性警务：社区警务的重塑与实践

自社区警务出现的几十年间，学术界一直在试图重新定义和描述社区警务。学者威斯勒和安杜温德① （Wisler and Onduwinde，2009）曾结合多个案例，对社区警务的历史和发展进行了全面细致的阐释。他们讨论了多个国家不同形式的社区警务，并思考了国家差异对不同警务形式的影响，其中也包括我们现在所说的"弹性警务"。某个国家是否会出现弹性警务，和该国的社会、经济因素紧密相关，其中一些关键要素比如社区的构成与作用、警察机构的预算和资源等，直接影响弹性警务的实施与效果。

有学者指出，地方和社区层面的弹性研究还有待完善。② 社区一级弹性的概念发展相对较新，关于警察和社区如何利用社区弹性防范新的伤害和灾难，还有待进一步开拓。

在犯罪猖獗的地区，人们认为高度的"集体效能"可以降低犯罪率和居民的安全感。学术界和政策制定者一直在讨论如何通过"社区警务"策略来提升这种"集体效能"。社区警务被描述为一场"运动"，

① Wisler, D. and On wudiwe, I. D. （2009）. 'Rethinking Police and Society：Community Policing in Comparison.' In Wisler, D. and On wudiwe, I. D. （eds）, Community Policing：International Patternsand Comparative Perspectives. Boca Raton，FL：CRC Press，pp. 1 – 17.

② Buikstra，E. and Ross，H.，（2 0 1 0）. The Components of Resilience：Perceptions of an Australian Rural Community. Journal of Community Psychology 38 （8）：975 – 991.

它使"全球警察部队民主化，并成为集权政府与社会和解的工具"，是警务"多边化"的一部分。

学者奥尔德里奇（Aldrich，2015）将社区弹性描述为"某个社区（或地理上界定的地区）应对压力并通过冲击后的合作有效恢复日常生活节奏的集体效能"①。甚至有学者（如托宾，Tobin）将社区弹性描述为成功恢复灾难的"圣杯"。他们提到，如果要达到理想的目标，就需要确定这个社区（或地区）的优势，以及如何有效地利用这些优势来提供弹性效能。他们在研究中也提出了一套可用以增强弹性的社区优势，即社区网络、沟通、社区支持、社会包容和归属感，领导力，人生观，准备接受改变和学习的想法，等等。警察可以通过与社区合作，鼓励社区提高抗灾能力，建立所需的凝聚力和包容性，促进旨在汇集这些要素的进程。

社区的弹性与个人和家庭的弹性相关联。一个社区，如果其中的个人和家庭在面对自然灾害时具有弹性，那么这个社区也会具有弹性。家庭具有生计（谋生）恢复力将有助于社区和地区的生计恢复。戈登②（Gordon，2015）指出，孤立的小城镇在从经济冲击中复苏时面临更多的挑战。他比较了美国51个人口在1万到5万之间的最小城镇在经济动荡后的表现，发现包括警察在内的社区"领导者"为这些城镇的恢复作出了巨大贡献。然而，警察机构经常受到经济冲击的严重影响，经济冲击直接影响警方的预算，有限的预算使他们无法顺利履行职责，这样的情况会加剧而不是减轻社会的混乱。

澳大利亚维多利亚州警察局在2015年5月成立了"维多利亚州社会凝聚力和社区弹性工作组"（Victoria's Social Cohesion and Community Resilience Taskforce），旨在促进政府和整个社区以信任和合作关系为基础展开工作，以解决社会融合、社区弹性（恢复力）问题，预防社区边缘化、防止暴力极端主义，警察在该工作组中发挥了主导作用。美国的

---

① Aldrich, D. P. and Meyer, M. A. (2015). 'Social Capital and Community Resilience'. American Behavioral Scientist59 (2): 254–269.

② Gordon, G. L. (2015). The Economic Survival of America's Isolated Small Towns. Jacksonville, Florida: CRC Press.

加州圣地亚哥市也进行了类似的"弹性警务"实践。这些弹性警务实践的共同之处在于，通过吸收社区各方的参与，共同实施警务计划；通过将所有社区成员纳入警务实施计划，增强社区的"弹性"，以期在发生灾害和事故时将损失降到最低。

弹性警务在美国社区警务实践中也有所体现。美国加州圣地亚哥市的城市高地，是一个商业与民居结合的地区，包括 16 个截然不同的、人口稠密的居民区。城市高地是美国种族多元化的典型代表地区之一，包括了土生土长的美国人以及外来移民。超过 40% 的移民来自于拉丁美洲、亚洲和非洲。仅有 63% 的成年人拥有高中文凭，33% 的人英语不够流利，还有 27% 的人生活比较贫困。相关数据显示，该地区居民的家庭年均收入为 26 232 美元，有 28% 家庭年收入不到 15 000 美元，其他 30% 家庭的年收入则在 1500029999 美元之间。[①] 简言之，该地区一半的社区成员都来自困境之地，而且面临着新的社会与经济挑战。

种族多样化既是城市高地的特色和活力来源，也成为其最突出的弱点。这个地区不断变化的人口数据显示：大量来自于非洲和亚洲国家人口的涌入以及已有拉丁帮派的存在，使得该地区的帮派组织和暴力极端组织呈现出持续增长的趋势，而且已经在社区出现实例。2013 年，城市高地的四名居民因支持恐怖组织"索马里青年党"被控有罪。

帮派犯罪、暴力极端主义对社区的威胁不会自行消失，尽管警察机关可以在一定程度上预防和减少犯罪活动的发生，保护社区安全，但执法资源（巡逻力量、警力资源）的有限性使得这种事前预防或事后打击的效果不尽如人意。事实上，社区在维护自身安全方面也可起到重要作用，即警方通过与社区和其他社会机构合作，使帮派、暴力极端主义的招募止步于第一阶段，这就是弹性警务的运用。

暴力极端是边缘化个体在一定意识形态及环境作用下形成的产物。环境（如社区）最容易受到积极影响，好的环境可以提升社会道义、责任和社区正义感，并采取相应措施，致力于解决社区面临的持续挑战。[②]

---

① City Heights Safety Initiative website. http：//www.safecityheights.org/about‒us/ourhistory.
② Lorenzo，V.（2010）．Countering Radicalization in America，Lessons from Europe.

城市高地的弹性警务内容是以社区为基础，通过减少帮派分子招募的风险和其他相关犯罪活动来提升生活品质。实现这一目标的唯一途径就是吸引利益相关者以社区联盟形式积极参与，并在创建安全社区及必须减少（帮派）暴力分子的问题上达成共识。

2012年1月，在普锐斯慈善基金会（非营利公共组织）、普锐斯家族慈善基金（私人家族基金）与城市高地社区的共同努力下，城市高地"安全倡议"正式出台。在圣地亚哥大学赞同式组织中心（Consensus Organizing Center）的引领下，安全倡议集中于减少犯罪并帮助人们建立社区安全感。在项目实施初期，领导层与利益相关者会面，为为期两年的实施过程做好准备。社区代表、执法人员、学者、政策制定者以及来自于各个组织不同部门的领导人召开了一系列会议。大家合力完成了安全倡议的基本框架。为了迎合社区的需求，项目组进行了一系列的资产整顿、居民访谈、安全考察和犯罪统计分析。两个月之后，项目组公布其调查结果：尽管犯罪与帮派暴力是居民关注的热点，但绝大多数影响社区居民生活品质的问题则是一些看似琐碎的事情，比如垃圾桶数量不足、需要滑冰场和斑马线。利用环境设计预防犯罪成为解决上述问题的首要方式。[1]

美国"城市高地"的这个案例，符合上述弹性警务的新框架：①有新的、不确定的危害（灾害）产生；②应对这些不确定的危害需要不同的警务能力；警察招募其他行为者，例如政府和社区人员（在该案例中，招募了基金会、社区代表、学者、政策制定者），来处理这些危害；③警察在社区（抵御灾害）能力建设中充当促进者或者推动者；④警察和社区之间相互依赖；⑤警察的工作方式产生转变，在社区和警察分担责任的情况下，警务工作不再是原有的集中科层式，而是分散且具有弹性的。

正如霍利和希尔林（Holley and Shearing，2016）指出的，在社区警务的背景下，正在出现的"不是一条直线轨迹，而是一条'飞行路线

---

[1] Kelling, G. L. and Wilson, J. Q. (March 1982). Broken Windows. The Atlantic. http://www.theatlantic.com/magazine/archive/1982/03/broken-windows/304465/.

（line of flight）'，其中包括多条相互依赖而不是相互替代的线"①。过去的社区警务依赖社区对警察的支持，但在新出现的"飞行路线"中，重点是警察应该如何以及可能如何支持社区和其他行为者，制定应对新出现危害的战略。

　　弹性警务扩展了既定的社区警务形式，在维持治安以增强社区弹性的过程中，警察充当协助者和推动者的角色，他们确定并建设社区有效预测和应对重大冲击所需的能力。② 除了社区警务与社区合作的传统方向外，弹性警务还需与广泛的利益攸关方合作，以预测和应对气候灾害和全球恐怖主义等复杂问题造成的不可预测的情况。这种多中心的关注使得弹性警务能够涵盖对日常压力和重大灾难的反应，③ 使社区能够从一系列森林火灾、洪水、干旱和疾病中正在发生的灾难和危机中恢复过来。"弹性警务"正在重塑人们对"社区警务"的理解和实践。

---

① Holley, C. and Shearing, C. (2016). 'Policing and New Environmental Governance'. In Bradford, B., Jauregui, B., Loader, I. and Steinberg, J. (eds), The Sage Handbook of Global Policing. London: Sage, pp. 552 – 572.

② Etter, B. (1999). Policing – Reflecting on the past: Projecting into the Future. South Australia: Australasian Centre for Policing Research.

③ Wood, J., Fleming, J. and Marks, M. (2008). 'Building the Capacity of Police Change Agents'. Policing and Society18 (1): 72 – 87.

第四章

变革性警务技术对社区警务的冲击

在 20 世纪 30 年代，配备了无线电通信设备的巡逻车的出现被誉为开辟了警务新纪元。这种巡逻车具有快捷、高效、隐蔽性强的特点。这种巡逻车因其迅速的反应能力而被犯罪分子称为"死亡之神"。随着被誉为技术创新成果的无线电控制巡逻车的推广，警方扭转了应对犯罪活动的不利局势。

随后的 40 多年，警察利用各种技术手段收集、存储、共享信息。警察开始使用数据传递信息，把隐约模糊的指纹发送到自动数据库进行比对，通过数码相机或其他鉴别手段确认言辞是否属实。将自动化操作引入耗时的工作，警力资源配置更加优化，警察局收集和分析情报能力的增强均有助于警务人员更好地服务社区民众。

接下来的社区警务"鼎盛"时代，犯罪分析（Crime Analysis）指的是与犯罪有关的行为、犯罪嫌疑人、受害人有关的信息收集和分析工作，这项工作被认为十分重要，因为社区警务需要对这些信息进行更为综合性的分析，以便警方选择一致的措施干扰和预防犯罪。这一时期，计算机辅助调度（Computer – Aided Dispatch）、移动电脑（Mobile Computing）和档案管理系统（Records Management）等新技术，成为各种犯罪分析（如战略和战术性犯罪分析，犯罪模式地理制图等）的强有力支撑，在社区警务战略控制系统中扮演着重要的角色。[1]

然而，进入 21 世纪，情况发生了很大的变化，执法机构越来越多地采用一些先进技术来预防和调查犯罪。先进的技术使警务获益无限，然而，这些技术给社区警务带来了一系列新的问题和意想不到的后果。传统上，社区警务需要听取社区的意见，并积极鼓励社区参与和制定警务策略。但是，在高科技警务执法时代，许多弱势社区面临着隐私被曝光和过度监视的风险。这种过度监视导致许多边缘化社区在与警察的关系上缺乏互信，因为警方在使用这些技术执法手段时既没有与其协商，也没有在运用前获得其同意。社区警务面临极大的冲击。

---

① ［美］皮克著，刘宏斌等译：《社区警务战略与实践》，中国人民公安大学出版社，2011 年版，第 124 – 130 页。

一、技术执法时代警务方式的变革

为应对日益复杂的犯罪问题及日趋紧张的警务经费，近年来，英国进行了一系列警务改革，将更多新技术、新平台融入警务工作。一方面可以利用新警务技术对抗犯罪，另一方面也期望通过新技术保持与公众良好的信任关系。

其中最有代表性的解决方案是设立全新的警务平台——"单一在线家庭"（SOH，Single Online Home）。① 它为公众提供了一种与当地警察接触和在线访问警察服务的一致方式，包括报告犯罪、申请许可证和查找其所在地区的犯罪数据。对于公众而言，他们可以与警方进行便利的互动。对于警方而言，它可以帮助他们更有效地处理低级别犯罪和事故，从长远来看，有助于缓解警方的资源和资金压力。

在 43 支英格兰和威尔士的警察部队中，有 41 支已加入这项警务平台建设。截至 2019 年 7 月，其中 17 支队伍的平台已经全部或部分投入使用。这意味着英格兰和威尔士 40% 的人口（超过 2300 万公民）可以使用 SOH 访问当地警察机关的在线服务。公众的热情极高，每个月都有超过50 000份的公民在线申请。这表明公众对警察部队的服务需求是持续增长的，公众期望警务是公开、透明的。

英格兰和威尔士的警察部队还开始运用"实时面部识别"② 技术搜索警方寻找的人。它涉及在公共或私人区域使用摄像头来寻找警察数据库中包含的过往人员。该软件会生成警报，在决定与个人接触之前，由警官手动审查。这项识别技术的用途包括阻止一些被下达禁令的人进入某个区域，或抓获警方已掌握情报的嫌疑人，如恐怖分子或跟踪狂。

因这项技术涉及公民隐私，在 2020 年"布瑞奇（Bridge）诉南威尔士警察局"一案后，英国警方在与公众、监管机构协商后制定了适用指南，在指南中明确指出：应以负责、透明、公平和合乎道德的方式使用实时面部识别技术，并且仅在其他侵入性较小的方法无法取得相同结果

① https：//www.wired.co.uk/article/met－police－facial－recognition－new.

② https：//www.college.police.uk/article/live－facial－recognition－technology－guidance－published.

时使用。所有技术的使用都必须有针对性，并有一个设定的开始和截止时间。放置在预定数据库中的图像必须符合比例性和必要性原则，并在每次部署之前进行审查。

英国警方还在运用更多的新技术系统。目前，英格兰和威尔士超过一半的警察部队在使用安装 Pronto 系统的智能手机或平板电脑，替代警察使用的传统纸质笔记事本。该项技术可以直接连接警方的后台和现场系统。通过将移动车队整合到警察部队中，允许警察远程提交报告。这可以让每位警官每班约节省两个小时，这意味着警官可以快速返回工作岗位，从而使社区警察有更多的时间出现在社区，让居民感到安全和安心。

这种警务工作的数字化转型，取消了所谓的"溜溜球警务"（警方为了行政指令频繁往返于警察局和现场），使警察能够在现场访问数据、快速连接现场系统，连接不同的警察部队系统，简化对移动数据的访问流程，提高警务效率。大伦敦警察局宣称，Pronto 技术使用一年以来，警方已经节省了超过 44 万小时的工作时间。林肯郡警方估计则宣称 Pronto 为其每年节省了 180 万英镑的"开销"。

在美国，大多数州和地方执法机构（在美国，警察机构也被称为执法机构）都在大量使用警务技术。常见的包括：社交媒体，允许用户生成内容、与其他用户共享信息以及使用其他用户创建的内容和信息的网站或应用程序。常见的社交媒体类型包括 Facebook、Twitter、Pinterest 和 YouTube；车载摄像头，也称为仪表板摄像头，车载摄像头为呼叫服务提供视频证据，通常安装在内部挡风玻璃或警车仪表板顶部；数据挖掘工具（Data Mining），也称为数据发现工具，数据挖掘工具通常是软件包或应用程序，允许用户处理、分析和汇总各种类型的数据。车牌阅读器（License Plate Readers，LPRs），一种安装在警车或静止物体（例如桥梁）上的监视技术，使用小型高速摄像机拍摄过往驾车者的车牌；随身摄像头（执法记录仪），警务人员佩戴的视频记录系统，用于记录他们与公众的互动并收集视频证据以提供服务。

其中 96% 的执法机构实施了 18 项核心技术中的一项或多项，最常见的是车载摄像头（70%）、信息共享平台（68%）和社交媒体

（68%）。1/3 的机构拥有随身摄像头（BWC）、地理信息系统技术（GIS）、手机跟踪软件或调查案件管理软件。在大型执法机构（一般有 250 名以上宣誓执法人员的执法机构）已经普及基于视觉的分析技术，如车牌识别器（LPRs），同时也在逐步普及预测分析软件的运用。还有少数（不超过 10%）的执法机构在使用无人机。[①] 总的趋势是，那些强调社区警务、情报主导警务、热点（hotpot）警务理念的执法机关更倾向于使用警务技术，而那些强调以问题为导向警务或"零容忍"（对警务技术的"容忍"）警务的机构则较少使用技术。

犯罪绘图（Crime Mapping）是运用最早的警务技术之一，是执法部门用来绘制、可视化和分析犯罪事件的软件或应用程序，即现在的地理信息系统技术（GIS）。它曾被认为是部署巡逻人员和 CompStat 警务战略不可或缺的一部分。警察机构使用计算机绘图软件，绘制和分析犯罪的时间与空间关系，以及系列犯罪中多个案件的联系，有助于警察机构分配和部署办案人员。

目前 GIS 在实际警务工作中的适用也存在一些挑战，主要是这项技术的专业性（比如地理编码、软件测绘）导致许多技术难题，警察机关往往缺乏专业的技术人员或专业培训。软件供应商的选择、软件的安装和定制、数据访问以及技术的有效使用相关的问题也被认为是成功实施的障碍。而数据质量则被认为是此项警务技术面临的最严重的障碍：如果数据不完整、不准确或不是最新的，分析结果的价值和作用则很小。

车载摄像头（行车记录仪，Car Cameras）主要安装在巡逻警察上，2000 年之前，美国只有 11% 的州和公路巡警安装车载摄像头，到 2015 年已经有 68% 的地方警察部队使用。摄像头的安装有许多好处，一方面，增强了警察机构的问责制度，改善社区认知，加强警察行为规范性等。从摄像头中检索到的画面也有利于在法庭上进行刑事起诉，并为新招募人员和在职培训提供宝贵资源。另一方面，摄像头的安装也增强了警察执法的安全，尤其当执法对象被告知自己的行为正在被记录（拍

---

① Research on the Impact of Technology on Policing Strategy in the 21st Century, Final Report. Office of Justice Programs', National Criminal Justice Reference Service.

摄）时，有利于缓和警察与执法对象之间的对抗"局势"。

　　另一种摄像头在美国警务中的适用也越来越普遍，即随身摄像头（执法记录仪，Body - Worn Cameras）。执法人员佩戴这些由小型电池供电的相机，它通常被戴在翻领、帽子或太阳镜上，主要是为了记录与公众的互动情况。[1] 在美国，警察和少数族裔之间的紧张关系长期以来一直都是警务改革的焦点。一项研究显示，对 2010 年至 2015 年期间，美国警察对黑人使用武力的比率比对白人的高 3.6 倍，比总比率高 2.5 倍。[2] 虽然警察对黑人的暴力行为长期以来一直是美国的热点问题，但近年发生的几起震惊全美的警方过度执法案件，死于警方手中的黑人迈克·布朗（Michael Brown）、埃里克·加纳（Eric Garner）、乔治·弗洛伊德（George Floyd）增强了民众对警察问责制的"关心"，引发了全国范围内对警务改革的呼吁，许多改革倡导者提出增加警用执法记录仪的使用量。执法记录仪对公民和警察产生变革性的影响，尤其是在警察过度使用武力的事件中。即使警察可以成功地证明其使用武力的正当性，但执法记录仪的对事件的客观"描述"才是证明正当与否的最直接和客观的证据。

　　2014 年，17 岁的拉昆·麦克唐纳（Laquan McDonald）被芝加哥警察局警官杰森·戴克（Jason Van Dyke）开了 16 枪。戴克的同事们最初支持他的说法，即拿着刀的拉昆向警察威胁性地冲过来。一年以后，执法记录仪揭示的内容与多名警官的声明有许多不一致之处，视频显示麦克唐纳有从警官身边逃跑的行为。随后，戴克被判定犯有二级谋杀罪，判处近七年的监禁。包庇他的两名同僚后来被芝加哥警察委员会革职。[3]此案还促使政府对芝加哥警察局进行了调查，发现那里的警察经常侵犯公民权利，并在"沉默法则"下运作，相互保护。如果没有执法记录仪

---

　　[1]　Al - Hlou，Y.（2017）. 'Philando Castile，Diamond Reynolds and a Nightmare Caught on Video. ' NY Times，https：//www. nytimes. com/video/us/100000005181340/.

　　[2]　Angert，S.（2016）. The Intersection of Gun Violence，Policing and Mass Incarceration in Communities of Color：Research Results. Benenson Strategy Group. https：//jointcenter. org/wp - content/uploads/2019/11/BSG - Memo - April - 26 - 2. docx.

　　[3]　向黑人少年开 16 枪! 一芝加哥警员被判刑，两名警官因包庇罪被革职，2020 - 12 - 03. https：//www. sohu. com/a/436254101_ 120057891.

的记录，真相只能被掩藏，而麦克唐纳只能蒙冤而死。

二、信息技术对社区警务的影响——以社交媒体为例

与传统执法警务不同的是，社区警务对警察和公民双方都提出了
"额外"的要求，比如加强双方互动，建立伙伴关系等，这被一些学者
看作是"社会契约"的延伸。从警方的角度看，社区警务实现的前提是
公民和社区接收这种警务理念或警务模式，且作为当地安全和治安的合
作伙伴。而从公民的角度看，这种前提则是接受和信任警察在维护社区
安全中的作用。

信息与通信技术（information and communication technologies, ICTs,
以下简称"信息技术"）对警务的积极作用是明显的：一方面人们可以
通过社交媒体向警方表达其不安和担忧，公众也可以监督警察滥用职
权，从而建立更好的警察问责制。另一方面，警方可以利用这些媒体来
确定特定社区的具体情况以及居民感到不安的原因。而且，警察还可以
收集有关犯罪、犯罪模式和嫌疑行为的信息。再者，社交媒体可以帮助
警方向公众发布信息，以使警务工作更加透明。从这个角度讲，信息技
术可以进一步促进社区警务中警察与公众之间的信任。

在当今社区警务中，信息技术被用于许多不同的场景和用途。最常
见的是，警方利用标准的私人社交媒体平台，比如 Twitter、Facebook、
WhatsApp 和 YouTube 来促进警方和社区之间良好的关系。同时警方也通
过社交媒体进行日常活动交流，从而使警察工作更加透明且与社区联系
紧密，比如美国公民自由联盟开发了免费软件应用程序 Police Tape 就具
有这个用途。

许多标准的社交平台及其功能不仅用于突发事件和日常警察工作，
还可用于"源自"民间社会本身的（准）警务举措，比如预防社区犯
罪、提升社区安全性的居民"自治"活动——邻里守望（Neighborhood-
Watch, NW），现在已经有不少社区利用社交平台或 APP 分享邻里守望
的相关信息。在美国的一些大城市，比如洛杉矶，还建立了大型紧急事
件信息库（Large Emergency Event Digital Information Repository, LEED-
IR）。这是一个具有"目击者平台"（eyewitness platform）功能的大型数

据库，公民不但可以上传文件，还可以播放他们拍摄的与犯罪现场、犯罪事件或其他大规模事件、袭击、灾害等相关的视频或照片。公民还可以整合 Facebook、Google、Instagram 和 YouTube 中的相关内容上传或播放至这个平台。①

TapShield 是另一个适用于社区警务的应用程序。当一些居民走在街上（特别是晚上）感到不安全时，可以不间断地与警察保持电话联系。这个程序需要使用 GPS，持续追踪求助者的行动轨迹，并且具有无声报警功能，一旦出现"肇事者"，会立刻向警方发出警报。②

但信息技术的适用也会给社区警务带来负面的影响。首先，以信息技术为基础的警务策略的受益对象不可能是所有群体，因为数字技术的获取在社会中的分布并不均等，会因为年龄、财富、社会阶层和其他因素因人而异，导致有利于某些群体的警务策略会对其他群体产生不利影响。其次，公众在社交媒体上发表的信息可能导致虚假信息或谣言的传播，从而引发一些影响社会稳定的事件或案件。最后，当信息通信技术被用于广泛的监视手段时，以技术为媒介的社区警务可能会"助长"对少数族裔社区的歧视。因此如果没有事先充分考虑以信息技术为媒介的警务实践的社会和伦理影响，可能会出现不良后果。

比如，2014 年，纽约警察局（NYPD）发起了一项名为"我的 NYPD－Twitter"的活动，号召人们在推特上发布带有 NYPD 标志的警员照片。这项活动的目的是为了拉近警方与公民之间的关系，促进警察工作。然而，事与愿违，人们开始在推特上发布反映警察暴行和施虐的照片，嘲笑纽约警察局在社交媒体上的努力。

类似的情况还出现在 2013 年波士顿马拉松爆炸案之后，警方在社交媒体上收集可疑信息，并以此做出推测性判断进行大规模搜捕。然而警方所依据的社交媒体上的信息很多是虚假的，甚至导致一些无关人群受到威胁和侮辱。

在社区日益多样化和公共服务资源减少的背景下，社区警务被视为

---

① LEEDIR website：http：//www.leedir.com.
② TAPSHIELD website：http：//TapShield.com/works.

一种有效的警务手段。随着信息技术的不断提升，运用新的信息技术发展社区警务是一个必然的趋势，信息技术和社区写作可以"克服"警务资源减少的限制。但同时，也会给以信任、合作为基础的社区警务带来一些冲击。信息技术不可避免会涉及公民的基本权利尤其是隐私权，从而破坏对警察的信任。

鉴于信息技术在社区警务应用中的复杂性和挑战性，欧盟委员会资助的一项研究（Inspiring Citizens Participation for EnhancedCommunity Policing Actions）提出，判断一项信息技术对社区警务的"可用性"，不仅要关注其对警务工作带来的积极作用，还应重点考虑四个因素①：

第一，警务对该项技术的实际需求。这项技术无论是信息收集还是监控，都应该侧重于预防犯罪，在违法犯罪行为发生之前足以采取相应的干预行动。

第二，社区对该项技术的接受能力。社区居民需要了解该项技术给社区安全带来的益处，需要理解警方是因为预算削减、警力减少的情况下采用，让居民了解（通过教育、沟通等形式）与主动接受是社区警务的重要前提。

第三，该项技术涉及的社会价值和道德标准。社区建设依赖于社区居民共同捍卫的一套促进共存的价值观：信任、合作以及社区"韧性"。警方应该定期举行信息交流会，与社区一起讨论、制定和完成警务技术的运用框架。从而保证警务工作的透明性，抵消公民对警务技术的质疑。

第四，该项技术涉及的数据管理和隐私保护。新技术为收集不同形式的多媒体证据（如视频、图片、音频、文本等）提供了更广泛的手段，但是也相应带来隐私问题，以及管理（如虚拟社区和社交媒体账号）方面的难题。警方如何在警务技术运用方面提供更多技术支持和更完善的管理，将是一个持续性的难题。

---

① Georgios Leventakis：Societal Implications of Community – Oriented Policing and Technology. SpringerBriefs in Policing. https：//doi. org/10. 1007/978 – 3 –319 – 89297 – 9.

三、饱受争议的警务技术：公共安全与社区隐私的冲突

20 世纪 90 年代末期开始，美国持续引入了以信息为导向的新警务模式。"新警务"强调根据数据分析和信息进行决策，主动干预、预防和阻止犯罪。新的警务政策持续加重了人们对少数族裔群体在警察日常执法中受到不同待遇的"担忧"。警方常出于合理怀疑的目的进行干预，执法人员以此为借口记录个人行为的时间、地点、网络活动内容。这些借口性的干预措施可用于针对犯罪嫌疑人、帮派成员、贩毒者和其他目标群体。[①] 这些是传统的接触性（警方与执法对象面对面接触）执法方式。现在，科技越来越发达，警方开始更多使用无接触监控。与接触性监控相比，无接触监控涉及更加复杂的法律问题，饱受争议，因其更容易侵犯公民的隐私或社区的隐私。

首当其冲的就是面部识别技术。面部识别技术通过分析人脸图像来创建模板，以便识别或验证一个人的身份。这项技术提供了一种比人眼更精确的复杂监控技术。面部识别软件是通过将面部特征与现有的照片和视频数据库进行匹配来识别个人的技术。一般来说，面部识别技术会创建目标面部图像的"模板"，并将该模板与不同"已知"面部的已有图像进行比较。已知的照片可以在许多地方找到，包括驾照数据库、政府身份记录、照片和社交媒体账号，Facebook、Instagram、Twitter 和其他社交媒体平台。[②] 越来越多的国家开始将面部识别技术运用于警务工作中，有一些运用较早的国家正面临这项技术引发的质疑和争议。

美国旧金山是第一个成功禁止政府机构使用面部识别软件的主要城市。2019 年加利福尼亚州、马萨诸塞州萨默维尔市、奥克兰市相继推出

---

① Rector, K. (2016). Baltimore police declined using aerial surveillance until big donors stepped up, emails show. Baltimore Sun. https：//www. baltimoresun. com/news/investigations/bs‑md‑sun‑investigates‑surveillance‑genesis‑20161022‑story. html.

② Fagan, J., Braga, A. A., Brunson, R. K., and Pattavina, A. (2016). 'Stops and Stares：Street Stops, Surveillance, and Race in the New Policing'. Fordham Urban Law Journal 43 (3)：539 ‑614.

立法禁止使用面部识别技术。① 一些美国的公民权利组织依旧对面部识别软件的使用以及数据可能被政府滥用的情况表示不安，认为面部识别技术为政府提供了前所未有的权力来跟踪人们的日常生活，这与民主不符。② 此外，公民权利组织认为，在大规模地监测贫困社区时，面部识别技术有很高的错误率。这项技术对有色人种的准确性较低，而且在性别上存在偏见。但持不同意见者则认为，政府应该找到办法制定法规，承认面部识别技术的合法性，而不是彻底禁止这项技术，"很难否认这项技术具有公共安全价值"③。旧金山警官委员会也认为对面部识别的禁令将会给警官和其他合作伙伴调查犯罪带来阻碍。

随着越来越多的美国城市考虑禁止使用面部识别技术，禁令的支持者和批评者之间的斗争仍在继续。政府官员、立法者甚至一些公民权利组织都对禁止这项技术持怀疑态度。但是在犯罪率惊人的一些城市，比如被誉为"犯罪之都"的底特律，警方仍渴望使用面部识别技术对其公民进行 24 小时监控④。

除了面部识别技术之外，另一项警务技术所受的争议更大，这就是巴尔的摩"空中监视计划"。巴尔的摩在 2018 年被美国联邦调查局（FBI）评选为全美危险城市，2017 年，这座城市发生了 342 次杀人案，同比增长 17%，且每 10 万人中有 56 人死亡。2020 年，FBI 公布了一份最新的犯罪数据排名，列出了"全美最暴力的城市"。数据是以每 1 万人的暴力犯罪件数来评估，给出了翔实的各州犯罪情况。在这份"最危险美国城市"的榜单里，马里兰州的巴尔的摩仍以每万人就有 98.6 件犯罪排在了榜首，换个概念说，这座城市每 100 个人就约有 1 个人犯罪。

① Showen, B. (2014). The Intelligence which Scientific Analysis Can Derive from Gunshot Audio. ShotSpotter, Inc. https：//www. shotspotter. com/blog/the – intelligence – which – scientificanalysis – can – derive – from – gunshot – audio/.

② Skogan, W. G. and Hartnett, S. M. (1997). Community Policing：Chicago Style. Oxford：Oxford University Press.

③ Smith, M. and Bosman, J. (2019). 'Jason Van Dyke Sentenced to Nearly 7 Years for Murdering Laquan McDonald. ' NY Times, available at：https：//www. nytimes. com/2019/01/18/us/jason – van – dyke – sentencing. html.

④ Stamper, N. (2016). 'Police Forces Belong to the People. ' Time Magazine, available at：http：//time. com/4401265/policebelong – the – people/ (accessed 14 October 2020).

巴尔的摩的犯罪案件谋杀、强奸、抢劫、严重殴打频发，其中18～30岁男性占9成，黑人作案则超过9成。巴尔的摩已经超过底特律成为全美最不安全的城市。①

"空中监视计划"是美国巴尔的摩警察局使用持续监视系统对个人进行空中监视的技术收集，并将空中监视录像加以存储。该方案旨在帮助巴尔的摩警察局减少和管理犯罪，并于2016年通过试点方案首次实施。② 巴尔的摩警察局的这个试验项目，因没有公开披露该方案的技术内容，引发了关于监控技术的伦理和作用方面的争议。

在该方案试行期间，数千人受到监视，但他们并不知道自己的隐私可能会受到威胁。监控系统依靠911调度员呼叫来提供关于犯罪的初始信息，并利用航空录像对所述犯罪进行人工分析，其目的是最终向警察部门提供详细的犯罪报告。巴尔的摩"空中监视计划"主要是通过使用小型塞斯纳（Cessna）飞机实现的，这些飞机在与云层大致相同的高度飞行，并配备了几个摄像机，放置于不同的角度，可以一次记录30平方英里的城市区域。③ 据警方称，该项目旨在将监控录像传输给地面分析人员，他们可以实时或事后审查录像，随时倒放和快进，以识别和跟踪犯罪发生地区的个人和车辆。由于传输的镜头被立即存档到大容量硬盘上，为分析师提供实时和过去的图像，巴尔的摩警察局能够用这些镜头创建一个可搜索且不断更新的照片地图。在试验期间的314小时飞行时间内，使用持续监控系统构建的地图追踪了几起犯罪，包括18起枪击、3起刺伤、1起强奸、2起严重袭击、3起入室盗窃和5起谋杀，其中两起已经接受审判。④ 然而在空中监视计划实施时，无论是市政官员还是巴尔的摩居民都不知道他们受到了监视。

----

① 美国最危险城市排名：美国犯罪率最高的城市排名，2020－05－27. http：//www.52qixiang. com/info/49340. html.

② Fagan，J. and Geller，A. B.（2015）.'Following the Script：Narratives of Suspicion in "Terry" Stops in Street Policing'. University of Chicago Law Review 82（1）：51－88.

③ Reel，M.（2016）. Secret Cameras Record Baltimore's Every Move From Above. Bloomberg Businessweek. https：// www. bloomberg. com/features/2016－baltimore－secretsurveillance.

④ Gilleran，J.（2018）. Why should we trust Baltimore police with aerial surveillance technology？ Baltimore Sun. https：//www. baltimoresun. com/opinion/op－ed/bs－ed－op0227－aerial－surveillance－20180226－story. htm.

其实，巴尔的摩并不是最早将空中监视技术运用到警务工作中的城市。自 2007 年起，该方案已在美国多地城市警察局逐步实施，如加利福尼亚州康普顿（Compton）、俄亥俄州代顿（Dayton）和新泽西州卡姆登（Camden）等城市的警察局都曾测试过空中监视方案，但基于其强烈的隐私侵入性及可能引发的争议，这些城市都没有正式采用或长时间试行。巴尔的摩是正式试行该技术的城市之一。①

随着巴尔的摩的"空中监视计划"被公开，该技术涉及的伦理问题和预防犯罪的作用，连同一般的监测技术问题在美国全国范围内引起了争论。最主要的问题是，空中监视的实施没有一个标准，即针对哪些地区、哪些情形、哪些人适用，如何适用，如何监督等。由于市政府很少或根本没有监督该计划的实施，并且缺乏限制其使用范围的法规，巴尔的摩居民持续质疑警监测方案的实施不仅会对个人隐私产生重大影响，而且会不公平地针对某些类别的公民。人们担心如果没有明确的适用标准，该方案将对有色人种社区产生不可估量的影响，因为警察的监控存在随意性，可能会利用该监视计划滥用执法权，侵犯公民隐私。②

四、变革性警务技术：社区警务的破坏者

近年的许多研究表明，美国的少数族裔对刑事司法系统的看法与白人相比有很大不同。大多数非裔美国人不相信他们在与警察的互动中受到的是公平对待，大多数非裔美国人认为种族差异是刑事司法系统中存在的问题。尽管大多数非裔美国人和拉丁裔美洲人认为，由于警察对社区的维护使他们的社区更加安全，但一部分非裔美国人和拉丁裔美洲人认为警察暴力执法是一个极其严重的问题。其他研究表明，少数族裔社区对警察执法的信心有所下降，因为这些社区居民对大规模监禁产生

① Reel, M. (2016). Secret Cameras Record Baltimore's Every Move From Above. Bloomberg Businessweek. https://www.bloomberg.com/features/2016 - baltimore - secretsurveillance.

② Rector, K. (2016). Baltimore police declined using aerial surveillance until big donors stepped up, emails show. Baltimore Sun. https://www.baltimoresun.com/news/ investigations/bs - md - sun - investigates - surveillance - gen esis - 20161022 - story. htm.

恐惧。①

　　一些研究凸显了合法性及社区对警察信任的缺乏，而这两个因素却是社区警务的重要组成部分。许多少数族裔公民赞成将使用执法记录仪作为提高警察责任的一种方式。例如，2015 年，舆观调查网（YouGov）和《经济学人》（The Economist）的一项民意调查显示，56%的非洲裔美国人和62%的西班牙裔美国人强烈支持使用警用执法记录仪，只有12%的非洲裔美国人和8%的西班牙裔美国人反对这一提议。这些指标似乎支持执法记录仪的使用，然而，这可能是因为公民希望执法记录仪能提高执法透明度。②

　　众所周知，当人们相信执法人员合法行使权力时，他们才会更有可能遵守法律，但公众认为，警察只有以程序公正为前提去执行任务时，其行为才具有合法性。因此，当社区警察领导和决策不力时，不公正或咄咄逼人的执法策略可能会降低警察执法的合法性，阻碍守法行为。正是这种现象推动了社区警务模式的改变，加强了警察执法的合法性，从而鼓励公民遵守法律。

　　"社区警务"一词对不同的人来说意义不同，尽管很难明确定义，但这种警务模式于20 世纪80 年代末在美国变得流行起来。这种形式的警务旨在培养社区成员和警察之间的关系，最终提高公共安全。有学者将社区警务定义为："公民在当地警方、其他刑事司法机关、政府机构，以及邻里企业和社区组织的帮助下来自我管理的方式"③。理解什么是社区警务也很重要，这不仅关乎警察公共关系的参与和在社区中树立积极形象。虽然不同社区的需求会有所不同，但社区警务有一套独特的基本价值观。首先，强调分散警察力量，同时为执法部门和公民之间的对话

---

① The Economist/YouGov. （2015）. The Economist/YouGov Poll. https：//d25d2506sfb94s. cloudfront. net/cumulus_ uploads/document/49k104uukn/econTabReport. pdf.

② Angert, S. （2016）. The Intersection of Gun Violence, Policing and Mass Incarceration in Communities of Color：Research Results. Benenson Strategy Group. https：//jointcen ter. org/wp – content/uploads/2019/11.

③ White, M. （2014）. Police Officer Body – Worn Cameras. Office of Justice Programs Diagnostic Center. https：//bja. ojp. gov/sites/g/files/xyckuh186/files/bwc/pdfs/diagnostic/center _ policeofficerbody – worncameras. pdf.

创造空间。其次，主动解决问题，而不仅仅是应对和调查过去的罪行；再次，警方需要牢记公众的担忧，并以此为依据调整他们的战略和目标；最后，警方需要鼓励社区自我管理，成立公民委员会，并提出自己的预防方案。这些价值观渗透进社区，警察努力改善关系的同时积极采取措施减少社会犯罪。实施社区警务不仅可以减少社区犯罪，还可以通过促进问责制和提高执法透明度来加强公民和执法部门之间的积极关系。此外，它有助于通过促进与社区所有成员的积极互动和提高文化意识来打击关于警察的其他偏见。

上述技术预示着在不久的将来如何提供警察服务的范式转变，正如之前所证实的那样，尽管使用先进的技术比一些传统的执法策略侵入性更小，但它们也带来了类似问题。因此，警方应仔细衡量这些技术的优缺点。最重要的是，当运用执法记录仪、面部识别技术、广泛的空中监视计划时，与受影响社区的沟通协商是必不可少的。[1] 没有良好的沟通协商，这些措施会加剧弱势社区已经存在的紧张和不平等感。因此，地方警察部门须坚持社区警务的基本原则，平衡与社区的合作关系，并与社区成员协商一致，以确保在进入这一警务新领域前他们的要求和利益能实现。

在执法时运用先进的技术，如何坚持社区警务原则是重要问题。一些专家的建议旨在打消公民对执法记录仪使用的疑虑。这些政策和对话本身仍处于萌芽阶段，许多司法管辖区关于如何使用执法记录仪的政策并不全面，需要透明的政策和机构群体对这些政策进行分析论证。

目前，有些社会团体已经提出了在运用新技术时应该遵循的指导方针和政策，这些相同的方针政策中有许多与各种新的执法实践相关，特别是那些有可能侵犯公民隐私但可酌情使用的原则。例如，2015 年 11 月，美国由 200 多个民权团体组成的联盟——公民权利和人权领导会议（简称"领导会议"，Leadership Conference）发布了一份全国范围内各个

---

[1] Chavis, K. (2016). Foreword: A New Frontier in Criminal Justice Reform. Wake Forest Journal of Law & Policy, 6 (2): 349－356.

警察部门的"执法记录仪政策"的"记分卡"。[①] 该会议收集和审查了来自不同司法管辖区的政策，并根据其包含的公民权利保障措施对条款进行了评分。会议的记分卡使用了多项标准，这些标准源自《关于执法记录仪的民权原则》。具体而言，标准包括：警察局公开和随时提供相关政策；限制警察对记录时间的自由裁量权；解决个人隐私问题；禁止警察预先查看报告；限制素材的保留；防止篡改和误用镜头；向提出投诉的个人提供录像。[②]

此外，研究人员指出，执法机构在决定是否发布录像时，应始终考虑隐私问题。因此，政策应包括防止未经授权访问视频或发布记录数据的具体措施，当地法律也可能会影响到录像的发布方式。加强警务人员的技术培训也是需要考虑的因素，所有机构人员在使用或获取通过这些新技术获得的信息之前都应接受培训，包括使用该技术的监察人员、记录管理人员、培训人员、内部事务部门等。培训应持续进行，包括相关法律概述、安全有效操作设备的程序、场景演练、数据管理程序以及在法庭上出示视频证据的方法。培训还应详细说明允许的数据收集方法、软件或程序的限制以及使用新技术引起的宪法问题。最后，应进行第三方监督，以确保技术的正确使用。[③] 实施这些原则可以缓解警察对新型技术手段的许多担忧，即使在预测性警务的情况下，公布该部门的预测性警务方案和相关政策将使公民能够监测其效力，并确保该软件以公平一致的方式使用真实的信息。

五、监管不足与过度监管的矛盾

警察是维护民主的机构之一。他们维护了国家权力的运作，影响着社会价值格局的分布变化。[④] 近几十年来，有两个因素改变了警察的

---

① Leadership Conference on Civil and Human Rights & Upturn. （2017）. Police Body Worn Cameras：A Policy Scorecard. https：//www. bwcscorecard. org/static/pdfs/.

② Leadership Conference on Civil and Human Rights & Upturn. （2015）. Police Body Worn Cameras：A Policy Scorecard. http：//Www. Cjin. Nc. Gov/InfoSharing.

③ Mateescu, A., Rosenblat, A., & Boyd, D. （2015）. Police Body – Worn Cameras. Working paper. Data & Society Research Institute.

④ Manning, P. K. （2015）. Democratic Policing in a ChangingWorld. New York：Routledge.

角色。

第一个因素是国家不再是唯一维护治安的机构。私有化、商品化和网络化的治理政策让政府机构不再是执行警务的权威，这挑战了国家作为执行和确保公共安全和秩序的唯一机构的独特性。这些趋势是国家有意识的政治决策推动了"警务家庭"的组织多元化和扩大化。这些参与的组织提出了不同安保提供者是否有能力公平和正式地向社会所有成员提供这一重要的公共服务的问题。然而，尽管发生了这些变化，在合法使用暴力和胁迫以及监管警察方面，国家仍然扮演着重要角色①。

第二个因素是大多数社会的同质性降低了。随着大量移民涌入西方国家，人口多样性变得更加普遍，这使得平等和尊重警察的任务变得更加困难。因此，民族的、本土的、国家的、种族的、宗教的一系列群体，在与文明群体共存的过程中逐渐取代了主体社会的稳定，这些群体正在以威胁公共秩序的方式将国家的统一身份慢慢转变为多种身份。警方执法的尝试往往导致对包括警察在内机构的抗议，一些团体成员认为警察对他们不尊重，视其为低等地位的群体。

警察的基本角色是在国家和不同群体之间发生冲突时发挥其前线作用②。警察作为国家的执法机构，其目的是维护国家的主导利益和价值观，而对边缘化群体的利益保护和保障义务较低。这种植根于国家政治结构的权力分化，未能满足所有公民对公平和平等待遇的期望。事实上，由于不同的原因，警察和不同群体之间不断累积的紧张关系最终会影响这些群体对警察本身的信任感和合法认同感。这些紧张局势强化了警务行动的政治意义，警察通过其行动，实际分配警务工作中的物质和非物质利益，如平等或不平等的安全、秩序、个体保障、道德趋同与包容、公平平等的公共服务等利益内容，共同表明了社会群体和个人在社会中的地位。

事实上，这种警务活动，无论正式的还是非正式的，直接的还是间

---

① Reiner, R. (2010). The Politics of the Police. Oxford: OxfordUniversity Press.

② Sargeant, E., Murphy, K., and Cherney, A. (2014). 'Ethni – city, Trust and Cooperation with Police: Testing theDominance of the Process – Based Model.' European Jour – nal of Criminology 11 (4): 500 – 524.

接的，都不可避免地深刻影响着关于"谁得到什么，什么时候，如何得到"的基本政治谈判内容①。因此，警务模式公平有效还是不平等，都会激起人们对警察的各种强烈情感，这些感受不仅影响了不同群体对警察的信任和他们赋予警察的合法性，而且也影响了他们对国家本身的认同或否定。每个社会群体都有其独有的特征使其有别于其他群体。每个群体与主体社会之间也有不同的关系，产生了不同的感受。

警察与不同群体的互动也不同，有时对这些社区警务不足，有时警务过度。警务不足指未能提供足够的服务，忽视社区的需求，甚至不进入暴力和犯罪猖獗的弱势社区，并且没有足够的资源来帮助他们解决问题。过度警务是指对公民过度使用武力和不成比例的逮捕和搜查，依据某些公民的种族将他们视为对公众的危险因素，导致了选择性和歧视性警务。这些态度往往反映了一种歧视少数种族的组织文化。作为回应，少数种族对警察产生了恐惧和敌意，避免与其有任何接触，以免对他们自身产生危险②。

不同的群体同时受到警务不足和过度警务的影响。这些形式的歧视性警务加剧了不平等，显示了对群体的不尊重，侵犯了他们的权利，破坏了他们与警察的关系，加剧了不平等，同时反映了群体在社会中的低下地位。这些消极的认知将警察与少数族裔之间的遭遇转化为敏感事件，这些事件证实了双方的消极认知，加剧了紧张局势，破坏了相互信任的关系。由于每个群体的外部特征和社会特征的不同，导致这些群体可能会受到警务不足或者警务过度的影响。

目前的问题是，各种新警务技术的运用的确会引发警务不足或过度警务的矛盾。一方面新技术可以更加迅速、准确地预防和打击犯罪，可以解决警务不足的问题；另一方面，新技术则更有可能侵犯公民或社区的隐私，将执法变得更具"侵入性"，从而导致警务过度。变革性警务技术对社区警务的冲击是巨大而明显的，当技术不断提升时，虽然警察执法更加精准和具有前瞻性，但是公民对警察执法的合法性怀疑也逐渐

---

① Lasswell, H. (1936). Politics: Who Gets What, When, How. New York: Whittlesey House.

② Epp, C. R., Maynard-Moody, S., and Haider-Markel, D. P (2014). Pulled over: How Police Stops Define Race an Citizenship. London: The University of Chicago Press.

加深。对警务合法性不足的担忧，使得公民与警察之间的互动、合作已丧失了基本前提和基础，而这些都是社区警务不可缺少的基石。在以信息、情报为导向警务盛行的背景下，各种新技术推陈出新，更加广泛地运用到警务工作中，冲击着公民与警察之间的互信。未来社区警务的道路并不平坦。

第五章

国家安全领域社区警务的实践与发展

在欧美国家对激进化犯罪的治理实践中，社区扮演了关键角色。社区被认为是反恐的重要因素，社区参与是对国家安全、情报和执法人员专门工作的有效补充。基于社区更易识别激进分子的理论，社区成员在某种程度上可以扮演情报与执法人员的角色，通过监视、报告，阻断激进化的形成。此外，对激进化的社会形成因素分析发现，社区是产生激进分子的基本环境，关注社区并听取其需求，提升社区生活品质，一定程度上可以消除社区成员的不满，从而防止某些社区成员激进化。

在英国，尽管反恐政策与实践主要采用涉及监视、情报和反恐法律的强硬手段，但"7·7"恐怖袭击发生之后，"预防"策略占到更加主导的地位，其强调社区参与、与社区合作的警务原则。在美国，传统的反恐依赖情报分析，而非社区参与以及社区与地方执法机构的合作。但是近年来，却表现出反恐语境下利用社区警务的趋势，并建立起穆斯林、阿拉伯、锡克教、南亚裔社区与警察之间的合作关系。并且，加拿大、丹麦、荷兰等更多的西方国家也逐渐在国家安全领域运用社区警务。

一、国家安全领域社区警务的理论框架

虽然十几年来欧美学界对于（导致恐怖主义）激进化的概念与途径有深入的研究和探讨，但如同恐怖主义的定义一样，至今也没有形成完全统一的认识。根据主流学术观点，激进化至少需要结合三个要素：一个被（不满情绪）异化的个体、一种被合法化的（极端主义）意识形态和一个有利于（激进化）的环境——尽管这些要素对催生激进化的作用程度并不一致。欧美国家对激进化的治理实践也充分加以印证：通过严格的反恐立法控制被异化的个体，通过有针对性的干预与教育重塑正确的意识形态，通过建立和加强社区参与（也被认为是反恐社区警务的核心内容）消除有利于激进化的客观环境。

恐怖主义是对广大公众的威胁，因而也是对所有社区的威胁。恐怖主义活动不仅影响社区及其成员的安全，恐怖分子还需要并寻求同情者和公众的支持，以便顺利实施他们的"机会"，尤其是本土恐怖主义分子，他们本身就存在于社区。因此，许多国家制定了以社区为基础的反

恐政策，这被称为社区反恐警务。

许多欧美学者认为：反恐需要一个更加全面的、以社区为基础的方式。这种观点得到国家政策制定者的认同。在反恐资源有限的前提下，鉴于模糊的、经常被忽视的激进化进程对社会安全存在的种种威胁，以及可能在任何地方、任何时间发生，具有最大能力识别和帮助阻止暴力极端行为的，正是那些生活在激进分子存在的社区的人们。

民众参与是对国家安全、情报和执法人员专门工作的有效补充。每一个恐怖分子都有家庭、朋友，还有其居住和工作的环境。没有人比在当地社区中生活的居民更了解社区。在通往极端主义的漫长而复杂的极端化道路上，了解当地社区的人更能够识别那些容易转变为极端分子的个体，也更能对个体在信仰和行为方面发生的异常变化作出迅速反应。

社区的不作为会给极端主义提供一个有利的环境，通过默许极端主义思想或者在遇到一个寻求意识形态合法化的个体时采取模糊的态度，允许极端主义发酵，有时会演变为暴力。相反，愿意报告可疑活动的或具有警惕性的社区成员为更广泛的国家安全提供信息资源，可以帮助破坏激进化进程，从而破坏恐怖主义。

欧洲安全委员会认为，将社区警务运用于国家安全领域时，需要做到以下要点，才能起到预防恐怖主义的作用①。

第一，改善公众对警察的看法。公众对警察反恐行动的支持取决于公众如何看待警察并与警察互动。公众信任警察不仅是社区警务的理想目标，也是社区警务成功的前提条件。因此，需要让社区的所有成员相信与警察的对话交流是可能的，相信他们的权利受到了尊重。

第二，加强警方与公众在反恐方面的沟通。通过警民互动，公众可以进一步了解恐怖主义的本质，提高警惕性和敏锐度。通过提高认识、分享信息和经验，鼓励公民提出建议，警察可以赋予社区一定权力，使其能够发展自身对恐怖主义的内部复原力。

第三，加强警察对社区的了解，以此作为更好地与社区接触和合作

---

① Organization for Security and Co – operation in Europe: Preventing Terrorism and Countering Violent Extremism and Radicalization that Lead to Terrorism: A Community – Policing Approach. Published by the Organization for Security and Co – operation in Europe Vienna, February 2014.

的基础。警察领导人应确保警官被指派到社区工作的时间足够长。让他们对这些社区有更深入的了解，并与成员建立信任关系，从而促进有效的参与和合作。

第四，帮助查明和解决社区安全问题和积怨。激进化的原因往往是与真实感受到的积怨和不满有关，包括人们的权利受到侵犯，遭受歧视，等等。与社区代表和其他公共机构合作，通过社区参与共同解决问题，警察才有机会查明和处理影响社区成员不满的原因。

第五，为警方及时查明和转交关键情况提供便利。通过持续参与的过程，社区警察应得到他们所服务的社区的信任，那样才可以根据有可能升级为暴力行为的客观事实，查明和应对新出现的危机局势。

然而，让社区参与打击恐怖主义具有一定的挑战性。在警察机构、情报机关和广大公众之间，尤其是某些社区之间多次发生警察执法不当的案件之后，可能存在误解和紧张的"历史"。因此，以社区为基础的反恐警务，特别强调发展警方与公众的良好伙伴关系。

欧美国家的反恐政策与实践传统上都是"以社区为目标"，即以国家安全为导向，以社区为目标收集情报和采取执法措施；重点是通过警察执法（截停与搜拍）、秘密侦查和收集情报调查有嫌疑的恐怖分子，挫败恐袭阴谋。这种方式很少或根本不涉及与社区建立协商或合作关系，其目的不是为了获取社区成员的信任和支持，因而也很少考虑到他们的不同需求以及反恐政策对他们的影响。

"以社区为导向"的反恐政策旨在促使社区成员参与决策和执行，并最大限度地获取其信任和支持，同时还考虑到他们在种族、宗教、政治、情感等方面的差异和复杂性。基于社区和政府当局之间互相信任的合作关系，"以社区为导向"的政策旨在促进社区支持和参与各种反恐战略、政策和措施的拟定、执行和评价。简言之，反恐政策是以社区安全，而不是以国家安全为导向制定和实施的。人们越发认识到公众和社区是反恐的利益相关方与合作伙伴，而不仅仅是执法活动的被动目标。

二、英国社区警务的实践与发展："预防"策略

英国是第一个将社区警务运用于反恐领域的国家。以社区为基础的

反恐方式并不是新的概念，这是英国应对北爱尔兰的反恐"基石"。
"9·11"事件后，社区警务被认为并不适合国际恐怖主义这种外来的、
高度组织化的威胁。2005 年伦敦恐怖袭击之后，社区又回归中心舞台。
政府认识到需要与穆斯林社区合作以预防年轻人在第一场所演变成激进
分子，确保社区足以回应和挑战极端主义意识形态。运用社区警务成为
英国打击本土恐怖主义的一项明确原则。英国社区警务具有以下几方面
的特点。

　　第一，采用"自下而上"的社区导向型警务模式。英国社区反恐的
法律依据来源于 2003 年《反恐战略》①的"预防"策略。尽管早在
2004 年，内政部就意识到本土穆斯林青年极端化问题，但直到 2008 年，
以加强穆斯林社区合作为标志的"预防"策略才实现了根本性突破，它
被作为一项预防极端化的全国性政策全面推行。"预防"策略设定了三
个目标——回应意识形态的挑战，预防个体被恐怖组织招募，与广泛的
社群组织加强合作，由内政部负责牵头，以地方政府为核心执行主体。
以上目标的实现都强调地方政府与穆斯林社区的参与，从政策制定到具
体实施（如反极端化意识形态的宣传、预防个体被招募的"渠道"项目
的开展、政府与社区合作项目的共建），地方政府都被赋予极大自主权，
且政府投入的大部分资金也用于地方的执行工作。

　　第二，社区警务的突出作用被定位于收集反恐情报。已定罪的恐怖
主义犯罪数据显示，英国某些地区的穆斯林社区中存在非常复杂的激进
分子网络，社区可以在早期提前告诫警察和情报部门，以使其获得信息
或者关注特别的人或群体。2005 年以后，大伦敦警察局建立了反恐热
线，公众可以通过热线汇报可疑情况。警方的标语是"如果有所怀疑即
刻报告"。内政部和警察局长协会也在网站上设立了关于恐怖分子的举
报热线。热线被认为是政府与社区合作的边界线。同时，深入穆斯林社
区的社区警察和其他社区工作者，不仅被定位于与社区成员建立合作关

---

　　① 英国第一个反恐战略（Counter–Terrorism Strategy of the UK, CONTEST, 以下简称
《2003 反恐战略》）制定于 2003 年，其包含了四项策略："预防"、"执行"、"保护"和"准
备"（Prevent, Pursue, Protect and Prepare），每一条路线覆盖了反恐的不同方面。其中最重要
的就是预防策略（Prevent）。

系，而且也被赋予另一项同样重要的职能：随时关注并汇报社区成员的激进化迹象。

第三，侧重于通过社区警务评估风险个体的激进化程度。警察机关与社区及社会工作者合作，评估筛选有激进化倾向的个人，采取柔性干预措施阻断激进化进程。干预措施与激进化形成的几个关键因素紧密相关。意识形态方面，着重进行宗教信仰的正面引导；社会环境与个人境遇方面，则与社会机构、互联网公司、家庭等合作，通过提升政治参与度，改善教育、就业、就医或住房等主流服务实现"去激进化"目标。2010年，超过200个风险个体成为干预对象，这些人要么是在学校发表言论想前往伊拉克报复美国人，要么被评估为具有极端宗教观点，并随时准备为其宗教信仰"献身"。①

作为治理"激进化"的支柱，以社区为基础的反恐警务成为英国反恐战略中最重要的组成部分。从战略层面上看，社区反恐具有创新性，但在具体实施过程中仍存在一些不可忽视的弊端。

首先，狭隘地聚焦于穆斯林社区。该战略的实施是以特定地区、具有一定人口规模的穆斯林社区为对象，其他一些风险因素（尤其是国内一些其他的极端主义来源）未纳入其中。所有穆斯林都被打上"潜在风险"的烙印，而其他可能参与极端暴力活动的组织则被忽视。因此"预防"策略被认为是一项旨在"监视穆斯林"的政策②。英国模式在不经意间已经创造了一种不信任关系。一方面，该战略试图获得穆斯林社区的参与和支持；但另一方面，穆斯林对英国政府怨恨也可能为极端主义的招募提供有利的环境。

其次，地方政府与风险社区的关系也并不乐观。许多地方政府倾向于外聘顾问去评估社区的需求，而不是利用这个机会与当地社区建立良好的关系。大量学术研究与审查报告显示，许多穆斯林社区仍然感觉到被政府排斥和拒绝，因为他们感受不到自己实际参与其中的价值。他们

---

① Home Office（2011）Prevent, CONTEST 2011, http；//www. homeoffice. gov. uk /publications/counter - terrorism/prevent/prevent strategy.

② Dodd, V.（2009）. Government anti - terrorism strategy 'spies' on innocent. Guardian；http；//www. guardian. co. uk/uk/2009/oct/16/anti - terrorism - strategy - spies - innocents.

认为，如果政府意识到穆斯林社区在预防"激进化"进程中具有潜在的重要作用，他们就应该被地方政府、警察和其他政府机构作为信任的、平等的和受尊重的合作者。这些机构应该获得社区的信任，才能获得所需要的信息和协助。穆斯林社区也渴望获得分享知识和信息的机会，与政府与执法机构人员一起讨论以决定当地穆斯林社区的需要。许多地方政府仍有选择性地与穆斯林社区合作，"闭门"讨论大多数工作议程，很少甚至完全没有穆斯林社区参与。所谓的"社区参与"名不副实，实践中仍是地方政府的行政长官掌控一切①。

鉴于"预防"策略原始版本（2005 年实施，2006 年正式命名）的若干缺陷，负责移民、安全与执法工作的英国内政部于 2011 年对该战略进行了重新审查，通过咨询、小组讨论和在线调查问卷收集了海量数据。最终形成的结论是：原有的"预防"策略对穆斯林社区的关注毫无帮助，穆斯林社区受到的偏见和歧视反而会导致极端主义的进一步发展。此外，"预防"过程中的实际资源分配也并没有建立在"激进化风险"分布基础之上。总之，"预防"策略混淆了政府以加强团结来预防恐怖主义的意图②。

尽管"预防"策略存在诸多缺点，但是从 2005 年开始直到 2010 年，其仍然成为欧美国家广泛学习的"反激进化"策略。丹麦、澳大利亚和加拿大也运用了这种模式，德国和瑞典的反恐政策也吸收了该种模式的一些可取之处。因为"预防"策略是利用社区参与的方式来干扰"激进化"进程的原型和催化剂，英国的这项计划为其他国家提供了一个难得的案例，美国从中受到启发：一个类似的以社区为基础的框架是否可以在美国实现呢？

三、美国社区警务的创新："马赛克"模式

在经历了 2009 年、2010 年大量激增的本土恐怖袭击或恐怖阴谋之

---

① HM Government（2009）. Pursue, Prevent, Protect, Prepare: the United Kingdom's strategy for countering international terrorism. London: The Stationary Office.

② Council on Foreign Relations（2011）. UK Counterterrorism Strategy, 2011. http://www.cfr.org/counterterrorism/uk – counterterrorism – strategy – 2011/p25325.

后，2011 年美国出台了《反暴力极端主义》(*Countering Violent Extremism*，以下简称 CVE)，开始从打击、预防和教育三个层面着手"去极端化"。而此前的十年时间内，其一直奉行单纯依靠加强反恐法律和反恐情报的打击策略。此项战略强调政府部门与美国穆斯林社区合作反击和阻止"极端化"。这标志着社区警务正式运用于美国的国家反恐领域。

这项国家反恐战略的重点包括：第一，以社区为基础，形成自下而上的反暴力极端主义体系；第二，政府机构与执法部门中"去极端化"专家的参与；第三，加强"去极端化"宣传，特别是通过互联网和社交网站对美国理想"多元主义"和宗教自由进行宣传。尽管从目标定位与总体思路上看，美国的 CVE 战略吸收了英国"预防"策略的精髓，但英国社区反恐实践暴露的明显弊端，也促使美国战略更加强调社区的实际参与和地方政府的主导作用，并逐渐摸索和形成了一套具有美国"移民熔炉"和"地方自治"色彩的社区参与型反恐模式。其中，马赛克模式最具典型性。

马赛克社区参与模式 (Mosaic of Engagement) 旨在遏制暴力极端主义与激进化，减少其对地方公共安全与国家安全的威胁，强调将所有的利益相关者作为平等的合作伙伴。这种社区警务模式最初致力于减少街头黑帮与恐怖主义，2012 年开始，美国一些地区开始将其纳入国家安全防御框架，用以预防本土暴力极端主义。马赛克模式具有以下几方面的特点。

第一，重视各个被干预社区所具有的特殊性。个体基于各种动机和不满（如身份冲突、不公正待遇、压迫与社会经济排斥等）通过不同的"激进化"道路转变为暴力极端分子。"激进化"是边缘化个体在一定意识形态及环境作用下形成的产物，并不局限于穆斯林社区。环境（如社区）最容易受到积极影响以减少本土暴力极端主义的风险。良好的环境可以提升社会道义、责任和社区正义感，社区参与模式采取相应措施，致力于解决社区面临的持续挑战。①

---

① Borum，R (2011)．Radicalization into Violent Extremism I：A Review of Social Science Theories. Journal of Strategic Security，Volume 4，Issue 4，2011. P. 7 – 36.

美国加州圣地亚哥市的"城市高地"是美国种族多元化的典型代表之一。该地区超过 40% 的移民来自拉丁美洲、亚洲和非洲，超过一半的家庭领取政府的补助金。长期以来，该地区存在并不断滋生各种族裔的帮派势力，街头犯罪猖獗。近年来，"激进化"及暴力极端分子的招募也呈现出持续增长的趋势。2013 年，"城市高地"的四名青年因支持恐怖组织"索马里青年党"而被指控。显然，"城市高地"面临的挑战不同于美国其他风险社区。每个社区根据各自的人口、居民构成及其他特点的不同而呈现出差异化，预防激进化策略的有效性取决于其所实施的具体环境。马赛克参与模式强调必须注意被干预社区的特殊性。

第二，将提升社区生活品质作为核心要点。美国模式认为，英国以反恐为焦点的社区警务之所以失败，一个重要因素就是没有将提升社区生活品质作为战略的核心要点。社区生活品质是利益相关者（社区成员）共同关注的话题，可以推动社区成员对安全问题的讨论，可以成为社区对抗本土暴力极端主义的谈话基础。当利益相关者认识到公共安全是社区生活品质的一个重要因素时，这种共识可以为减少暴力极端分子招募和"激进化"提供最好的机会。因为，暴力极端分子的招募与"激进化"都无法逃脱社区成员的"慧眼"，社区成员可以成为情报的来源。

在"城市高地"实施"马赛克"模式的过程中，警方与社会福利组织成立项目评估小组，对该地区进行一系列的资产测绘、居民访谈、安全考察和犯罪统计分析，最后形成的结论是：尽管财产犯罪与帮派暴力是居民关注的热点，但绝大多数影响社区居民生活品质的问题则是一些看似琐碎的事情。利用环境设计预防犯罪成为解决上述问题的首要方式。利用环境设计预防犯罪是一种研究公共安全以及通过环境设计阻碍犯罪行为的跨学科手段。

第三，强调与利益相关者（社区成员）形成共识。社区成员的参与贯穿在整个"马赛克"模式的六个阶段，如图 5.1 所示。英国由于缺乏利益相关者的参与，使已有的"伊斯兰恐惧症"更加恶化，导致在"预防"策略实施中有关穆斯林社区的政策遭到质疑。尽管该策略的目标是获得"风险社区"（穆斯林社区）的支持，但穆斯林认为这是一种鼓动告密者的做法，让穆斯林为其所在的社区提供情报，每个穆斯林都可能成为怀疑对象。① 但如果有社区的充分参与，则可以减少这种负面影响。

"马赛克"模式强调警务实施方与"风险社区"在建立共识的基础上达成一致，即让利益相关者确定并决定亟待解决的问题或焦虑。"共识"意味着所有参与者对结果都满意，因为其已被设计为满足所有利益相关者的需求。在社区安全中，共识既包括分享信息——关于"邻里安全"的实时信息共享，也可能包括委派"社区发言人"作为社区代表直接与执法机构官员联系。从现实层面讲，达成共识的目标就是从绝大多数利益相关者那里获取支持和赞同。只要实现一个目标，就会产生连锁反应：大家齐心协力明确和回应暴力极端主义给社区带来的挑战。

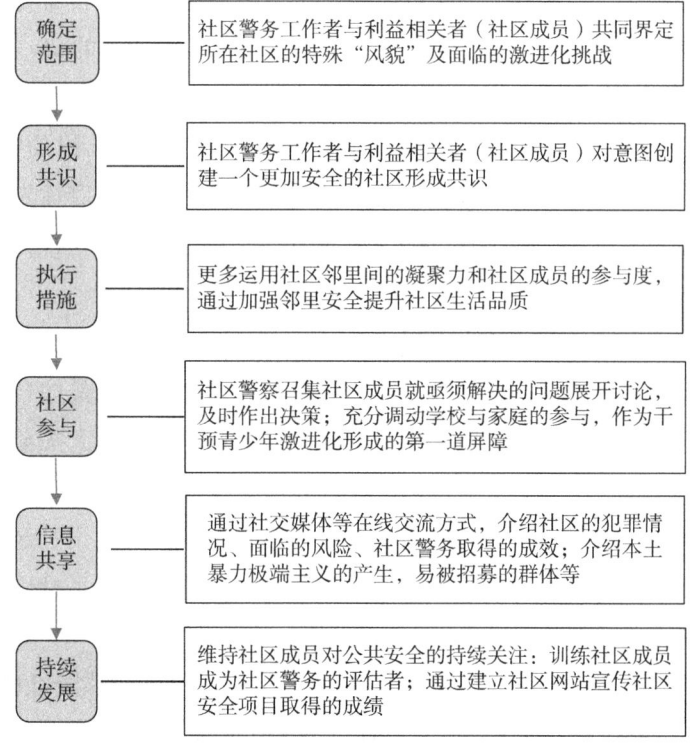

图 5.1　"马赛克"社区反恐模式流程图

后"9·11"时代，尽管美国媒体关注着极端组织或恐怖组织的威

---

① Richards, A. (2011). The problem with 'radicalization': the remit of 'Prevent' and the need to refocus on terrorism in the UK. International Affairs. Volume 87, Issue1. P. 143 – 152.

胁和国土安全，但美国普通民众对暴力极端主义或恐怖主义的认识仍很不充分。民众很少有机会了解并干预危害社区的活动。"马赛克"社区警务模式则使社区和政府建立一种同等的合作伙伴关系，发现和预防社区成员的"激进化"。相较由政府发起的美国国家反恐战略"反暴力极端主义"，"马赛克"模式更强调社区对公共安全的重要作用，并调动那些潜在的可以有效降低"激进化"风险的民众积极性。

首先，"马赛克"模式突破了传统社区导向型警务的掣肘。社区警务是一种提升组织策略的哲学，这种组织策略有利于运用警察与社区的合作关系积极应对引发公共安全的突发情况，如犯罪、社会骚乱、犯罪引发的恐慌等。社区导向型警务模式是警察机关认识到其自身与其服务的社区在组织与文化方面已然脱节之后形成的。在过去的 20 多年中，西方警务以"结果为导向"的管理模式越来越盛行，随即引发了另一个关键问题：谁在定义结果，其定义的标准是什么？实践给出的答案是，社区导向型警务成为一种政府驱动型参与模式，通常以政府优先考虑的因素如犯罪为导向，而不是以社区利益为导向。这正是英国社区反恐警务的写照。

尽管美国的"马赛克"模式仍是一种典型的社区导向型警务模式，却是对传统的政府驱动型参与模式的颠覆，其强调社区成员的自我驱动参与。当一些与社区生活紧密相关的问题，如医疗、卫生、失业、移民焦虑等不能提上优先解决议程时，社区导向型警务模式就会丧失其以社区为"导向"的初衷，随即也会失去社区居民的支持。英国社区反恐模式的主要失败，就在于在减少"激进化"风险的同时忽视了社区关系以及生活品质的重要性。

其次，"马赛克"模式避免了英国"预防"策略的狭隘社区关注。"马赛克"模式部分源于英国"预防"策略，后者在 2005 年实施时被认为是全球最好的反恐战略。但英国模式狭隘地认为穆斯林社区是具有招募本土暴力极端分子和"激进化"风险的唯一社区，由此对穆斯林社区产生了消极影响，并在社会上引发了"恐伊症"。基于英国的前车之鉴，美国学者认为，在已经明确美国本土暴力极端主义的性质（基于动机、宗教和种族因素）的前提下，有必要扩展风险群体或个体的范围与识别方法。"马赛克"模式认识到极端分子意识形态的多样性，并根据不同社区的不同情况作出必要的灵活回应。

美国警务具有分散型与自治性特点，各地区警察机关在反恐领域实施的社区警务具有极大的自主权。在本土暴力极端主义威胁之下，美国的反恐社区警务呈现出多样化发展趋势，而"马赛克"模式则是其中的代表之一。"马赛克"模式是否能获得成功取决于对以下关键因素的重视与回应：高风险人群组成移民社区的文化问题；主流人群对"风险"移民社区或目标社区资源分配的关注；警务工作者与利益相关者（社区成员）之间建立信任关系；允许社区成员用真正的以社区为基础的方式和"草根"方式自我"指导"。只要社区可以决定自身的活动、标准和回应，"马赛克"模式就不会被认为是政府收集情报的工具。

四、国家安全领域英美社区警务发展的启示

近15年来，在本土恐怖主义威胁之下，柔性的、自下而上的反恐策略已经向全球化发展。反恐领域的社区警务也发生了重大转变，自上而下的传统社区目标型警务模式仅将社区视为安全信息与犯罪情报的来源，被认为破坏了穆斯林社区与警察之间的信任而难以实现，逐渐被社区导向型警务模式替代。社区导向型模式强调社区成员参与决策和执行，获取最大限度的信任和支持，被认为具有更好的反恐效果。尽管目前我国还没有正式将社区警务运用于国家反恐领域，但在宗教极端主义对我国社会稳定和长治久安形成现实和潜在威胁的背景下，欧美国家通过社区警务治理"激进化"的理论成果与实践经验可以为我国提供经验借鉴。

首先，情报主导警务时代反恐领域的社区警务不应被忽视。社区警务依赖警察机关组织上的分权以及巡逻的重新定位，以促进警察与公众的双向交流，帮助社区居民发挥自身力量，通过社区组织和犯罪预防解决犯罪问题。许多西方学者认为，社区警务是20世纪70年代到21世纪初警务历史上最重要的一次发展。进入21世纪，社区警务逐渐被情报主导警务替代。尤其在"9·11"事件后的国家安全领域，情报成为对抗国际恐怖主义的首要"武器"。但面对本土恐怖主义与"激进化"，社

区警务仍具有重要作用。

从英美等国的实践可以发现，社区警务与情报主导警务是一种互相补充的关系。社区基础型警务，无论是社区目标型或社区主导型都明确与情报搜集联系在一起。社区情报的前提与基础是社区关注，社区关注可以与更标准的情报形式——警方搜集的犯罪活动信息联系起来，还可以包含个人与社区之间关系的信息，如文化、地域、宗教、种族等。利益相关者（社区成员）对安全问题的关注使警察们更容易收集情报，而社区成员则可以挖掘有"激进化"倾向或潜在恐怖分子活动的任何嫌疑。因此，警察与社区构建起广义上的社区基础型情报（community - based intelligence）策略的一部分。

其次，治理激进化的权力与责任应更多下放到地方政府。激进化是一个复杂的现象，不同地区的激进化程度与其居住人群的种族构成、宗教信仰、经济条件和社会地位等具有直接联系，每个地区的激进化问题都是不同的。国家的反激进化政策通常是具有普遍意义的战略性指导方针，地方政府则更加了解本地的激进化程度以及治理激进化的工作方向。因此，由地方政府制定本地的反激进化政策具有更强的针对性和可行性。在这种前提下，地方政府的执行力度将决定整个反激进化策略取得的效果。

自"预防"策略推行以来，英国政府一直都在加大资金投入，其中大部分资金都用于地方政府的执行工作。但有调查显示，地方政府的执行效果非常有限，2/3 的地方政府只将"预防"策略资金的 20% 用于潜在的"激进化"个体，只有 3% 的资金用于那些已经证实是暴力极端分子的个体。[①] 此外，地方政府与穆斯林社区的合作程度也相当低，这也是造成英国社区参与型反恐策略未能取得最终胜利的重要原因之一。

英国的前车之鉴影响了其他一些欧美国家社区反恐警务的实施。在荷兰，由于政府认为恐怖袭击始终将在某一个城市发生，因而将反激进化纳入地方政策范畴，曾经由国家授权的部分反恐责任和任务被转移到

---

① George Osborne outlines detail of £ 6.2 billion spending cuts, http：//news. bbc. co. uk/1/ hi/uk_ politics/ 8699522. stm, accessed 27 May, 2010.

了地方政府。2014 年，荷兰重新制订了旨在对抗本土恐怖主义的《反激进化与圣战主义行动计划》（*Action Program Integral Radicalization and Jihadism*），其仍然贯彻了社区导向型与社区目标型的综合方法。基于中央与地方共同治理的原则，地方政府有权根据自身情况制定当地的反激进化政策。同时，地方政府更强调与穆斯林社区的合作，更多运用跨文化对话和培训手段。近期的研究显示，荷兰自下而上、地方主导的方式取得了明显的成效。①

再次，建立在信任基础上的社区关系更利于获取情报。反恐领域的社区警务强调社区对警察的信任基础。警察的信任与信心是获取社区情报的前提条件，低信任度会降低个体向警察传递社区情报的意愿。如果社区不信任警察，警察将很难获取社区情报。在反恐语境中，警察与社区之间的关系破裂会阻碍社区向警察传递关键信息。缺乏社区情报则会导致执法机关运用更具侵犯性的、强硬的警务策略（逮捕和监视），从而引发双方的紧张关系：穆斯林社区会被打上"嫌疑"社区的烙印，"恐伊症"也会不断滋生。

英国的一项调查显示：穆斯林社区参与反恐合作的动机和目的是多样化的。首要原因是出于社会正义感（保护社会、社区和家人的安全），其次是基于宗教责任（提高穆斯林与伊斯兰教的形象）②。这些动机和目的体现出警察与社区建立合作关系的可能性。然而，信任的前提是警察需要掌握更多的文化情报。对处于政治环境下的社区基础型反恐而言，警察不仅要深刻了解当地社区的多样性（种族、宗教、原属国的差异），还要理解伊斯兰教的意识形态及其地域政治背景——宗教也是治理激进化的策略之一。

信任可以被定义为从精神上认同并充分理解某人。信任需要同感，建立同感是一个双向过程，警察理解社区的同时，也需要社区对反恐警

---

① Eijkman, Q., Lettinga, D. & Verbossen, G. （2012）. Impact of Counter‒terrorism on Communities：Netherlands Background Report. Institute for Security Dialogue. https：//www. research-gate. net/publication/255857969.

② HM Government. （2009）. Pursue, Prevent, Protect, Prepare：the United Kingdom's strategy for countering international terrorism. London：The Stationary Office.

务的理解。

鉴于反恐是由国家（而不是社区）驱动的强硬警务方式主导，有必要在国家安全的核心部分（反恐领域）给社区观点和利益留下空间——通过认识并理解穆斯林社区的合法诉求建立信任，即"马赛克"模式所强调的形成共识。

最后，社区基础型反恐将促进警务模式的不断发展。需要强调的是，社区基础型警务模式在西方已经遭到许多批评，被认为是表面上的修饰，是"糖衣炮弹"：社区警务试图由警察监视和控制社区，警察不得不采用社区警务原则，但很难实现目标。的确，在国家安全领域，采用社区基础型警务模式是存在问题的。国家安全警务中的紧张关系根植于历史与政治目的。国家安全警务衍生于国家或政府的权力，警察是国家安全的代理人，其首要目的就是保护国家安全。传统意义上的国家安全警务是秘密的，不需要获得公众的同意或支持，也不需要对公众或社区公开。国家安全领域中的社区警务只将社区看成安全信息与犯罪情报的来源。警方鼓励社区成员通过关注（watching）、报告的方式确认"有嫌疑的"公民。

上述复杂的难题导致一种新的警务模式产生——邻里警务（NP），一种包含了社区警务因素的警务模式，可以作为一种以社区为中心的反恐方式（Community - focused approach）。邻里警务模式被认为可以增强对警察的信任，由此提高警察获取社区情报的能力。因为警官们一方面可以和穆斯林社区一起强调关注地方安全，由此建立起与社区成员之间的人际关系。另一方面，警察可以通过劝说、协商、制定议程发挥软权力（soft power），提供一种更微妙的影响模式。邻里警务由此被看作一种有利于获取反恐社区情报的途径。在反恐视角下，警官与社区一起强调社区成员对犯罪和安全问题（如贩毒、盗窃）的关注。从这个意义上讲，美国"马赛克"警务模式已经是一种"改良"的社区基础型反恐模式，其核心内容——通过关注公共安全提升社区生活品质已经具备邻里警务的特点。

第六章

社区警务与比较统计的差异与整合

第六章

社区警务产生于 20 世纪 60~70 年代的美国，比较统计（Compstat）警务则起源于 1994 年纽约警察局。这两种模式是欧美国家最受欢迎的两项警务改革，在很大程度上是独立运行的。但是，有学者提出，社区警务与 CompStat 虽然有明显的差异，却有鲜为人知的共性，因此二者有吸收和整合的可能性与可行性。这是一个具有开拓性的创新观念，试图将两种看似截然不同的警务模式加以整合。这样的设想是否可行呢？

一、比较统计警务模式：起源与核心要素

纽约是美国人口最多的城市，也是个多族裔聚居的多元化城市，拥有来自 97 个国家和地区的移民，使用的语言达到 800 种。因为人口众多，不免鱼龙混杂，纽约曾经是一个著名的犯罪之都。从 20 世纪 70 年代起，黑帮横行、毒品泛滥，该市的治安情况不断恶化。1990 年，纽约市共发生了凶杀案 2245 宗、车辆盗窃案 147 123 宗，平均每天有 6 个人死于恶性犯罪，每小时有 16 台车辆不翼而飞。为解决当时纽约面临的严重犯罪问题，纽约市警察局（NYPD）于 1994 开始发展比较统计（以下简称 Compstat，Computer Statistics 的缩写）警务：将上升的犯罪率和破坏治安行为控在可控范围内，并将 NYPD 的主要使命重新定位为通过减少犯罪和暴力行为而有效确保公共安全。

1994 年 Compstat 警务模式的引入，被认为有效地实现了预定目标：通过不断发展，从一个非常基本的数据收集、分析过程和落实问责与信息共享的机制蜕变为一个更加复杂、更加精细、更加突出而有效的管理模式。基于 Compstat 警务模式在犯罪防控方面的突出贡献，Compstat 被广泛用于警务工作之中。

Compstat 模式由五个核心要素构成[①]。第一，犯罪数据。"Compstat 数据的主要内容包含日常犯罪情况，由各地方警局收集整理七项主要犯罪的数据：谋杀、强奸、抢劫、攻击性犯罪、入室盗窃、大额盗窃及重

---

① James J. Willis, Stephen D. Mastrofski and Tammy Rinehart Kochel, Recommendations for Integrating Compstat and Community Policing, https：//academic. oup. com/policing/article/4/2/182/1517841.

大的汽车盗窃。"① 通常情况下，各个地方警局都会整理并总结出上一年度违法犯罪的相关数据情况，以此为基础创设一个数据组，即能够直接对比当前阶段与前一年同期的违法犯罪状况。数据收集是整个 Compstat 模式有效运作的根基。

第二，每周的 Compstat 报告。地方警察机构每周都要向上级交出一份 Compstat 报告。其内容包括各自辖区内发生的重要事件，最终形成全市范围内发生的违法犯罪事件报告，对短期或长期的犯罪趋势进行全面而深入的分析。

第三，指挥官的简况报告。该报告提供了关于巡逻、侦查单位及其指挥人员的详细信息。通过把数据固定在一个简单的报告中，指挥官简况报告使得高层部门领导以及其他中级管理者大体熟悉每个单位和指挥官的情况。报告的主要目的在于提升机构管理的透明度，使得上级领导能够洞察地方指挥官的状态和能力，从某种程度来说，这也是一种绩效考核机制。

第四，犯罪地图。Compstat 报告的统计数据汇总了大量犯罪信息，通过使用现有的绘图程序，可在计算机上生成城市中每个地区的犯罪地图。这些计算机化的地图还能够和 Compstat 数据库对接，生成更为细致的实时动态地图，展现出一天或一周中犯罪趋势的变化情况。最终，这些计算机化的地图还可以自动探究犯罪、时间和地点三者之间的关系，并马上确定"热点"犯罪群以及犯罪最有可能发生的时间和地点。这将增强执法工作部署的科学性和可行性，进而提高执法效率。

第五，Compstat 会议——犯罪控制战略会议。在 Compstat 模式中，信息畅通是决定该模式成败的关键因素之一。Compstat 会议通常每周都会在高层和中层管理人员间集中召开一次，辖区指挥官和该区管辖范围内的相关领导被相继叫上讲台，简单介绍当前比较突出的犯罪问题以及用于解决这些问题的方法。"这使得那种科层式的上下级线性沟通方式被转化成了一种相对扁平的沟通方式，同时也在一定程度上缓解了各部

---

① Walsh, W. F., & Vito, G. F. The meaning of Compstat: Analysis and response \ [J\]. Journal of Contemporary Criminal Justice, 2010: (20).

门为了自身利益而隐瞒信息情报的问题。"① 这种会议制度确保了信息的顺畅与真实。另外，还会根据台上人员的不同表现进行相应的处置、升迁或降职。

相比社区警务，Compstat 具有技术性强和强调管理责任两个显著特点。技术性体现在 Compstat 模式对过往犯罪的各种因素进行深入分析汇总后，对未来一段时间的犯罪趋势进行预测。强调管理责任则体现在有明确的绩效考核和追责机制，由各辖区的指挥官作为责任主体，通过指挥官的简况报告和 Compstat 会议这两个环节对 Compstat 的运行效果进行监督。

人们将比较统计和纽约市发案率的显著下降联系起来，很快，这一战略在媒体、公众和警方的热情推动下迅速传遍世界。然而，人们很难正式确定比较统计和纽约发案率显著下降之间的因果关系。调研数据显示，无论是纽约还是随后实施比较统计的其他州的一些城市，在它们正式启动比较统计之前，这些地区的发案率一直在下降。②

有研究者认为：虽然 Compstat 的宗旨，包括组织灵活性、数据驱动决策和创造性的问题解决方式值得称道，但是其重点并不是警务工作创新，而是更多地放在加强警察组织传统模式方面，并将其合法化。也有一些研究者指出，比较统计存在做秀的成分。正是由于这种展示风格，在会议大厅中，比较统计更多成为一种会议形式，而不是实现实质性的发案率降低。③

二、社区警务与比较统计的差异

很明显，与奉行合作伙伴原则、主张加强社区和警方的合作、授予基层更多自主权、由公众和社会决定更多警方优先工作事项的社区警务相比，比较统计警务模式的方法与理念截然不同，它以降低犯罪率为目

① Klinger, D. A. Spreading diffusion in criminology \ ［J \］. Criminology & Public Policy, 2013：（02）.

② ［英］杰瑞·莱特克里菲著，崔嵩译：《情报主导警务》，中国人民公安大学出版社，2010 年版，第 66 页。

③ ［英］杰瑞·莱特克里菲著，崔嵩译：《情报主导警务》，中国人民公安大学出版社，2010 年版，第 67 页。

标，授权中层警官对新滋生的犯罪问题和发案热点地区进行快速反应，其核心方式是犯罪地图分析。詹姆斯·威利斯（James J. Willis）为美国司法部社区警务办公室（COPS）撰写的一份报告中提到，根据其对全面实施 Compstat 和社区警务的警察部门的考察发现，在警务实践中，Compstat 和社区警务的实施是完全独立的，互相之间几乎不产生影响。

的确，Compstat 和社区警务是两种完全不同的警务模式。社区警务是一种理念，它通过将更多权力下放给基层，警察进一步深入社区，与社区建立合作伙伴关系来实现社区的安全。[①] Compstat 则是由数据驱动的绩效问责制，重点在于减少严重犯罪，提高警察组织应对犯罪问题的能力。也就是说社区警务主要面向社区，优先解决的是任何扰乱社区的问题——既包括犯罪又不构成犯罪但影响社区安全的其他问题。而Compstat 的目标就是减少犯罪，而且主要是减少严重犯罪。正因为如此，Compstat 的实施原则与社区警务是截然不同的。

Compstat 依据四项原则减少犯罪：第一，及时原则。对犯罪活动作出有效的反应，各级警务人员掌握特定类型犯罪活动所发生的时间、地点、作案手法以及犯罪分子的信息。犯罪情报信息越准确，对犯罪活动的有效反应就越大。第二，全面性原则。策略的设计要达到减少犯罪的目的。只有对收集的信息进行研究和分析之后（该信息必须是准确而及时的）才能制定相关策略。为了避免犯罪转移给人们的生活带来新的问题，使犯罪状况得到彻底改变，策略必须是全面和灵活的，而且能够适应不断变化的犯罪趋势。第三，部门合作原则。策略既然已经制定就要对人员和其他必要资源进行部署。尽管一些方案可能仅涉及巡逻人员，但最有效的方案需要来自多个单位的人员和执行部门作为一个整体通力合作。对于犯罪活动和给民众生活造成影响的治安问题，需要巡逻人员、（犯罪）调查人员和辅助（警察）人员在共同合作中充分运用它们的专门技能和各种资源。第四，事后评估原则。为了实现预期目标，在

---

① Braga, A., and Weisburd, D. (2006). "Problem – oriented policing: the disconnect between principles and practice." In Weisburd D. and Braga A. (eds). Prospects and Problems in Police Innovation: Contrasting Perspectives. Cambridge: Cambridge University Press, pp. 133 – 152.

解决问题后，对警察部门的反应进行严格的评估，以总结经验和教训。[①]

如果从警察机关管理职权的层面分析，可以把 Compstat 看作一个中央集权式、由数据驱动的绩效问责系统。其主要特征是指挥权的强化，在警察机构传统的自上而下的科层体系中进一步强化指挥权。比如，中层管理人员（辖区主管警官）向警方高层报告犯罪问题，并简述其正在实施的措施，这就是典型表现。相比之下，社区警务更像是一项运动，它更重视指挥权的分散，培养警察机关各阶层的创造力和主动性，特别是那些在街头社区执行任务的基层警察。通过充分的培训、晋职和奖励，鼓励普通警员运用自己的判断力，去解决社区的烦琐日常与犯罪问题，更好地为他们所管辖的社区服务。[②]

尽管如此，仍有研究人员对二者的关系持不同的意见。有人认为比较统计是社区警务演化的结果，还有人认为比较统计是一项社区警务工具。后一种观点认为：社区警务需要运用各种技术，比如犯罪分析、计算机辅助调度（GAD）、地理信息系统、全球定位系统（GPS）、犯罪地理画像、记录管理系统（RMS）。警察利用各种技术手段收集、存储、共享信息，提升警察机关收集和分析情报的能力，从而有助于警务人员更好地服务社区民众。警务战略控制系统涉及对大量不同类型数据信息的收集和分析，在犯罪分析中扮演着十分重要的角色，通常被认为是极为有效的、以信息为主导的模式。Compstat 可以提供关于城市、辖区和巡逻层面上的最新警情动态，改变了过去简单被动的反应模式，转变为通过强化犯罪信息的功能和作用，主动抑制、干预和防范犯罪活动。因此，比较统计就是实现社区警务的一项技术工具。

不过，总体而言，大多数观点都认为社区警务与 Compstat 两种警务模式之间存在实质性差异：从最开始，比较统计的目的就不是贯彻社区警务。它的付诸实施是为了弥补社区警务的不足，帮助全美最大的警察

---

① Kenneth J. Peak，Ronald W. Glensor 著，刘宏斌等译.《社区警务战略》，中国人民公安大学出版社，2011：36.

② James J. Willis，Stephen D. Mastrofski and Tammy Rinehart Kochel，Recommendations for Integrating Compstat and Community Policing，https：//academic. oup. com/policing/article/4/2/182/1517841.

局解决犯罪问题并保障社会安全。正因为如此，社区警务与 Compstat 作为美国最受欢迎的两种警务模式，在实践中是完全独立运行的。

三、社区警务与比较统计的整合理论

Compstat 的支持者认为，Compstat 可以补充和支持社区警务，甚至可以改善社区警务。詹姆斯·威利斯是坚持两种警务模式可以"兼容"的代表之一，他比较了社区警务与 Compstat 的八个关键要素（分别是任务、维持治安的方法、内部问责、决策权的下放、组织的灵活性、数据驱动的问题识别和评估、外部问责、创新的问题解决方式），并评估了每个要素的地位，总结出两种模式的兼容性问题。

比较结果显示：社区警务与 Compstat 在各自的任务、维持治安的方法、内部问责、决策权的下放等四个要素上差异最大。首先，在任务上，Compstat 的出现是为了集中打击严重犯罪，这被认为严重偏离了社区警务的基本理念。其次，在维持治安的方法方面，社区警务高度重视警察同警察机构以外的人和组织（比如社区、公民资源组织）合作开展警务工作，而 Compstat 是一种技术工具，既可能涉及社区参与，也可能完全不涉及。再次，在内部问责方面，绩效问责对 Compstat 是"最高优先"级别的要素，这体现在 Compstat 会议给中层管理者施压，让他们向"同行"以及总部指挥官展示其主动性和取得的成果。而社区警务理论中，对警察问责的关注很少或没有明确的问责制度，"社区警务领导人希望给社区警察一个自我实现的机会"。最后，在决策权下放方面，社区警务和 Compstat 都提倡下放决策权，但是 Compstat 的重点是将权力下放给中策管理人员，主要是地区或辖区指挥官一级。而社区警务则是将权力下放到警察体系的最基层（社区警察），调动基层警察的知识、技能和创造力，以使他们与社区建立牢固的合作关系，制定适合社区的警务方案。①

除了上述四个明显差异之外，Compstat 和社区警务也在几个要素上

---

① James J. Willis & Stephen D. Mastrofski & Tammy Rinehart Kochel: Maximizing the Benefits of Reform: Integrating Compstat and Community Policing in America. 2010. https://www. research-gate. net/publication/278026070.

具有一定的相似性。首先，两种警务模式都重视组织的灵活性、数据驱动的决策和创新问题的解决。实践中，社区警务试图发展组织的灵活性，重点是发展邻里层面的社区合作。Compstat 则更注重让地区指挥官控制更多不同的人员，以便其在地区内对出现的问题作出更快的反应。其次，两种警务模式都需要识别和评估警方关注的问题，只是两者的方式不同。社区警务从社区居民那里征求意见，以确定值得警方关注的轻微犯罪和治安问题。Compstat 则依靠警方官方记录集中打击严重犯罪。最后，在外部问责方面，Compstat 和社区警务都试图使警察机关的运作更加透明。在社区警务中，社区作为监督或管理警察的力量，Compstat 模式却没有将外部问责作为明确目标。[1]

　　基于上述理论分析以及对美国多个警察机构实施 Compstat 和社区警务的观察，詹姆斯·威利斯等人提出，可以从四个方面将 Compstat 和社区警务两种警务模式整合起来，最大限度发挥它们共同实施的好处。[2]

　　第一，利用社区警务的价值、目标和实践为 Compstat 提供服务。

　　社区警务的核心目的是提高警察在社会上的公信力，改进群众对警方服务的满意度。社区警务可以被界定得相当宽泛，例如，通过警民合作发现和解决社区问题。或者，也可以被概括为"一项组织战略，该战略将确定工作重点和落实方式的权力大幅度移交给居民和社区警察"。正因为其定义的动态性和多样性，社区警务才获得了如此广泛的应用。社区警务在哲学意义上能够解决相当广泛的问题，应用范围由窄（可能仅仅关注特定类型的有组织犯罪）至宽（如包括由暴力犯罪到污染环境等相当广泛的问题），在这一维度上，社区警务作用的范围可以很广。[3]

　　因此，社区警务的目标、价值、方法可以适用于 Compstat。詹姆斯·

---

　　①　James J. Willis & Stephen D. Mastrofski & Tammy Rinehart Kochel：Maximizing the Benefits of Reform：Integrating Compstat and Community Policing in America. 2010. https：//www. research-gate. net/publication/278026070.

　　②　四个整合建议的内容参考：James J. Willis, Stephen D. Mastrofski and Tammy Rinehart Kochel, Recommendations for Integrating Compstat and Community Policing, https：//academ-ic. oup. com/policing/article/4/2/182/1517841.

　　③　[英] 杰瑞·莱特克里菲著，崔嵩译：《情报主导警务》，中国人民公安大学出版社，2010 年版，第 59－61 页。

威利斯等人的研究结果认为，除了重罪之外，可以要求辖区主管警官在Compstat中报告其片区的主要社区问题。辖区主管警官不需要针对每一个问题进行报告，而是选择性地汇报管辖区内发生的居民问题，因为这些问题通常会导致犯罪的发生。

除了向中层警察机关系统地报告社区问题外，研究认为辖区警方还应制定社区治安的绩效措施。为此，辖区警方可以每年进行区级调查，以获得具有代表性的居民样本，明确他们对警察服务的意见。这些意见可能包括许多方面，如居民对犯罪的恐惧、对生活质量的看法以及警方对片区问题的应对措施。设计周全的书面调查往往成本较高且具有挑战性，而提供在线网络调查这样的方法就简便很多。① 通过这种方法可以询问社区利益攸关方（居委会、企业、教会等组织机构的主管人员），建立一个焦点小组来观察利益相关者，这样的调查方式更为简便快捷。最后，辖区警方应改变用于向Compstat提供信息的常规数据系统。辖区警方的犯罪分析人员收集超出逮捕范围的测量结果，作为评估某个问题是否已经被消除的依据，或者至少可以以减少事件的严重性或事件发生的数量。例如，某个辖区的警察部门专门去制止破坏公共基础设施的行为。

第二，加强指挥系统中的绩效问责机制。

Compstat是一项管理责任机制。在一个以Compstat为导向的警察部门中，中层指挥官要对各基层单位的违法犯罪进行控制，并对高层负责。通过责任激励机制，警察管理者将利用定期和详细的犯罪情报，在情报流转过程中决定合适的策略降低发案率。因此，除了将注意力集中在重罪上，Compstat还需要通过具体措施促进中层管理人员对业绩负责。尽管不同地区有不同的问责机制，但辖区领导警官需报告片区所发生的犯罪行为，这一措施表明他们要对自己的工作负责。由于没有类似普通民众的工作机制，警方在承担工作责任方面较为松懈。

社区警务模式下没有一个类似Compstat会议式的集中可见的问责机

---

① Henry, Vincent. E. (2002). The COMPSTAT Paradigm: Management Accountability in Policing, Business, and the Public Sector. New York: Looseleaf Publications.

制，为绩效评估提供依据。社区警务的问责制主要发生在管辖的辖区内部，并通过与当地居民面对面的会议来实现。为了在警方中实施这两项改革的问责制度，研究者建议辖区领导警官与他们的巡逻队员和其他人员（如缉毒官员和侦探）定期举行辖区会议，类似小型 Compstat 会议的形式。[①] 在会上，警员们应报告他们如何识别和应对其辖区内的犯罪问题和居民问题。

总的来说，需要整合一线警察机关的社区监管和治安工作。这种类型的监管将使警察机关能够应对管辖范围内的重要事项和情况变化。[②]警员的主人翁意识得到加强，辖区领导警官对下属警员负责。因此，行动指挥权在辖区一级的分散，将加强中层管理人员和社区一级警官之间的内部问责机制。

第三，改变 Compstat 会议，使其更具战略性。

鉴于 Compstat 和社区警务都重视创造力、团队合作和自由讨论，以应对犯罪和各种混乱问题，研究者建议应该对 Compstat 会议进行改变，以促进创新思维和协作学习。关于时间方面，每两周到三周举行一次会议，给辖区领导警官施加压力，促使他们迅速采取行动，将热点事件在下一个汇报期之前"降温"。

同时，还需要改变中层部门一级的 Compstat 会议形式，这些会议通常作用不大，对激发创造力和解决问题没有什么帮助。会议可以改为小规模的 Compstat 会议，由一两名高层领导、犯罪分析师和辖区领导警官参加，由一名"证据警察"（警察机关中的某个人）负责对警务工作持续研究，与机关内的关键决策者讨论并帮助其为该机关的警务政策和实践制定一套的指导方针，目的是集中警察机关自身的犯罪预防知识，结合最新的研究成果，提出公平有效的策略来解决犯罪和社区问题。

第四，加大对犯罪分析和以问题为导向的警务培训，解决问题和建

---

① Loveday, B. (2005). "Performance management: Threat or opportunity? Current problems surrounding the application of performance management to public services in England and Wales." The Police Journal. 78: 97 - 102.

② Maple, J. with Mitchell, C. (1999). The Crime Fighter: Putting the Bad Guys Out of Business. New York: Doubleday. Mastrofski, S. D. (1998). Community Policing and the Evaluation of Police Service Delivery. Thousand Oaks, CA: Sage, pp. 161 - 189.

立合作。

鉴于辖区领导警官要负责查明和应对其地区最紧迫的现实问题，一线警察、巡逻办公室和社区小组领导人需要接受培训来学习如何处理问题，以实现警察机关减少犯罪和解决社区问题的工作目标。对他们进行培训，以便更好地应对挑战，有助于后期实施更复杂的犯罪战略。在警察预算紧张的时候，考虑削减某些部门的预算，将宝贵的资源用于犯罪分析和问题导向警务模式。

总之，加大对问题导向警务模式的研究，会带来双重的回报，不仅可以促进研究机构的研发进展，而且还可以促进警方在 Compstat 和社区警务方面的创新性改革。

四、比较统计对大数据犯罪防控的启示

社区警务在我国已经实施数十年，但迄今为止，我国警察机关没有实施过严格意义上的 Compstat 警务模式。不过，近年来，我国出现了一些与数据信息相结合的新型社区警务形式，比如现在普遍施行的智慧社区警务。

智慧社区警务是以大数据应用为基础，以数据为导向的警务机制。作为智慧城市的重要组成部分，智慧社区警务有助于高效采集数据、便捷服务群众、全面防控风险，提高组成社区民警工作效率，提升社区群众满意度，是一种创新了的社区警务工作机制。①

智慧社区警务虽然也以数据为基础，但是其核心是将数据运用于社区警务中，与以打击严重犯罪为目标，以 Compstat 会议为主要形式的 Compstat 警务模式截然不同。因此，Compstat 警务模式对我国社区警务的借鉴意义不大，但可用于我国大数据防控系统下的犯罪打击。

通常，我们应对常发性、多发性犯罪的方式有两种：第一，以"专项行动"的方式予以打击；第二，以"每日警情"上报的数据为依据，阶段性地对某一区域内犯罪的趋势、规律进行分析总结后，对某一区域

---

① 刘晗. 大数据背景下智慧社区警务建设的探索与思考——以泸州市的实践为例，《公安学刊（浙江警察学院学报）》，2019（4）：62－66。

内的犯罪问题进行集中整治。2015年前后，我国兴起了第三种方式：运用大数据手段对犯罪进行防控。

犯罪手段和工具的演进促使警务工作方式和理念的变革。在这一过程中，警务工作虽有一定的滞后性，但在总结犯罪规律和依靠先进科技基础上所进行的变革却能在一定时期内大大缓解犯罪所带来的负面影响。随着大数据信息化时代的到来以及"互联网＋"的提出，通过现代大数据信息技术实现对犯罪的防控就显得尤为必要和实际。

与"Compstat模式"比较，我国的大数据犯罪防控系统在体系、责任与风险评估机制、大数据犯罪防控技术在政府机构的拓展性运用方面还存在一些问题。

首先，大数据犯罪防控体系不完整。我国大数据犯罪防控技术虽然在部分地区取得了一定成果，但并不完整，远未达到普遍性要求。体系不完整主要表现在两个方面：其一，我国大数据犯罪防控建设不够完善。主要是该技术本身不成熟，且经验不足，推进该项举措面临许多技术上的瓶颈；其二，我国大数据犯罪防控的"线性"建设不够完善。所谓"线性"建设不够完善，是指在一定区域内，各级公安机关的大数据技术建设不够统一、不够一致，各自的信息不愿或难以共享，时常出现各辖区或各级公安机关重复建设问题。这不仅造成了资源上的浪费和效率低下，还会阻碍大数据犯罪防控技术系统化建设。

其次，责任与风险评估机制尚未建立。我国大数据犯罪防控技术的运作过程主要由两大部分组成：第一，由负责民警与本部门的综合研判机构进行磋商。这一过程重在人员的参与和讨论，主要弄清某一类犯罪的大致情况并提炼该类犯罪的几大要素（时间、地点、嫌疑人特征等）。第二，在与研判机构磋商结束之后，在技术部门的相关配合下对犯罪进行预判。整个运作过程相对复杂，虽然也存在领导牵头和审批的情况，但最终研判结果时常不了了之。出现研判失误，内部不追究，不只是主观上不想追究研判失误的原因，客观上也无追究的可行性，因为无具体人员对这一过程负责。即使研判后得出了预测结果，目前也没构建起对这一预测结果的可靠性和可能存在的风险进行评估的机制。

最后，大数据犯罪防控技术的拓展性运用不足。纽约州监狱在

Compstat 模式的原理和基础上开发了"整体效率问责管理系统"（Total Efficiency Accountability Management System）。该系统在起初的四年中，犯人暴力事件减少了让人震惊的 90%、狱警加班费减少了一半、狱警生病的时间也下降了 25%。这不仅可以为 Compstat 模式的进一步发展和运用提供参考，还可以间接降低犯罪率。

目前可以从两个方面借鉴 Compstat。

第一，完善我国大数据防控的责任与风险评估体系。大数据信息系统运作的基础和关键在于对信息的收集与分析，这关系到之后工作中采取何种应对措施及如何实施执法活动。因此，有必要建立一个透明的责任体系，在这一体系中，每个人的业绩目标和行为活动都是清晰、客观与可衡量的。此外，问责过程也要公开进行，以用于奖励或处罚。但是，所收集信息的真伪及对信息的分析结果有时存在一定的或然性和模糊性。在这种并无确定把握，但信息的收集与分析结果又有较大价值时，就必须对其进行风险评估。风险评估实则扮演了"免责条款"的角色，旨在降低问责制的负面影响及在重大情形下责任的承担问题。合理而慎重的风险应当是允许的，实践中尽管可能失败，相关部门的领导和民众也必须接受善意而合理的失败。因为这些失败必须被看作是丰富和发展操作系统的机会，而且从失败中得到的教训和从成功中学到的经验同样宝贵。所以，不应畏惧失败，一旦失败，应及时对失败的原因进行全面而细致的分析，总结经验。但是，不合情理与不负责任的多次失败，应有相应的问责体系。

第二，可结合 Compstat 模式实施社区犯罪防控，尤其是人口集中、有一定数量的商业场所的高风险社区犯罪防控。通过调取发生在该地区的案件卷宗材料，借助实务部门的技术优势对案件的类型及各方面的特点进行分类汇总，数据包括八项，分别是发案区域特点、发案时间特点、高频案件类型、作案人员特点、作案手法特点、受害人特点、社会经济形势、其他案件特点，输入大数据犯罪防控系统，进行整体分析与研判，得出"犯罪报告"。

经过综合分析得出"犯罪报告"之后，对"犯罪报告"进一步分析并预测社会趋势的整体走向。根据这一预测结果，准确而科学地对相关区域布置巡逻警力。如"犯罪地图"中具体的犯罪点位分布有可能表明问题主要集中在商业区附近，A 地下午可能发生盗窃案件，B 地可能发生抢劫案件等。若将分析得出的犯罪点位用"红点"标出，巡逻路线用"黑色空心箭头"标出，那么，"红点"区尤其应当引起当地公安机关和民众的注意。然后，将针对性巡逻的指令信息及相关地理标志发送到执行任务的民警手中，民警根据接收到的数据信息，分析最佳巡逻路线，进而加强在相关路段的巡逻力度。

这样可以极大地提升警力资源的利用效率，做到警力部署的准确性、科学性。此外，关于巡逻方式的选择和巡逻器械的使用也应根据不同的区域环境予以具体考虑。如，街道、小区附近的巡逻应以警用摩托车为主，辅以必要的警用轿车；警械的配备应以警棍为主。而在人流量大、人员复杂的公共场合巡逻则以警用轿车为主，辅以必要的警用摩托车；警械的配备应以警用手枪为主。而且，每次巡逻的路线也应实时进行调整。考虑到现代信息数据的使用以及犯罪分子的反侦查能力和反预防能力的不断增强，还必须深入研究和分析数据的"寿命周期"问题，以避免数据信息的"老龄化"，从而可以更加准确地进行预测和分析。

第七章

社区警务与警察合法性
——拉美的实践

尽管几十年来犯罪率不断下降，但警察和公众之间长期的紧张关系继续阻碍着警察运作和提供公共安全所必需的合作关系。作为回应，政策制定者继续促进以社区为主导的社区警务，并强调与公众进行积极、非强制性的接触，以此作为增强公众信任和警察合法性的有效战略。

继2014年迈克·布朗在密苏里州弗格森被警察击毙引起政治动荡之后，时任总统奥巴马将21世纪美国警务工作的基本目标定位：建立在信任和合法性基础上的有效和公正的警务。这里强调了两个关键因素：信任，民众对警察的信任；合法性，警察的合法性。这种合法性——认为个人、团体或机构有权支配个人的行为并要求他们合作——对于警察体系作为一个社会机构的有效运作至关重要。当警察缺乏合法性时，居民不太可能联系警察或配合他们的调查。更糟糕的是，因不信任而引发的警方与公众的互动更有可能升级为对主导地位的争夺，这可能导致警方和公众的伤亡。这种互动助长了相互反感，进一步侵蚀了警方的公共关系，破坏了公共安全。

鉴于当代警察合法性危机和大众对激进警务和大规模监禁造成的损害的认识，社区警务作为改善警民关系的潜在政策工具再次受到重视。与强调惩罚性执法的政策相反，社区警务鼓励警察通过各种非强制性互动形成合作关系，如社区会议和邻里监督计划。几十年来有关社区警务的学术研究表明，警察组织的成功运作需要警方与社区建立合作关系，而这种合作建立在警察合法性的基础上。

一、社区警务的成功与障碍

社区警务是基于这样一种假设，即警察应该与社区合作解决社区存在的各种治安问题，问题的重点是提高社区居民生活质量，减少居民对犯罪的恐惧，清理街区。为了实现这些目标，社区警官们必须被赋予自由裁量权，作出独立的决定，并代表他们所服务的社区充当倡导者，居民将成为定义"（社区）问题"过程和解决"（社区）问题"过程的一部分。从理论上讲，直面生活质量问题将减少公民的恐惧，增加非正式的社会控制，最终导致犯罪率下降。[1]

　　社区警务需要警官和公民之间建立伙伴关系。这是通过各种方式实现的，比如，让警察不停地巡逻，包括步行巡逻和自行车巡逻，以便进一步了解居民；基于"破窗理论"，动员社区组织清理破旧的建筑，捡垃圾，修理破损的窗户，使该地区对罪犯不具吸引力。[2] 其他项目包括邻里守望、让年轻人参与运动社团和课外活动、强化和改进环境设计等。[3]

　　除了警察实践的变化之外，社区警务还涉及重大的组织变革。有学者认为，社区警务涉及不同的结构变革，如权力下放、层级扁平化、专业化程度降低、团队合作和雇用文职雇员以及管理变革，如培训、指导、授权一线警官和选择性执法（自由裁量权），收集和利用更多信息用于社区调查、绩效评估、项目评估、信息系统、犯罪分析和地理信息系统。[4] 因此，为了使社区警务取得成功，行政和管理必须到位——从招聘、选拔和培训，到对主管的期望和警官生产率的衡量。[5] 简言之，向社区警务模式的转变是一种广泛的变革。

　　社区警务的成功已经引起了争论。由于社区警务的定义和实施情况各不相同，不可能对社区警务是不是一个成功的项目给出一个明确的答案。[6] 此外，在制定标准来衡量社区警务执行情况方面进展甚微。[7] 尽管如此，多年来的评估发现，一些社区警务策略，如徒步巡逻、小型岗位

---

① Trojanowicz, R. C., & Bucqueroux, B. (1990). Community policing：A contemporary perspective. Cincinnati, OH：Anderson.

② Community Policing Consortium. (2006). About community policing. Retrieved August 23, 2006, from http：//www. communitypolicing. org/about2. html.

③ Langworthy, R., & Travis, L. (2003). Policing in America. A balance of forces (3rd ed.). Upper Saddle River, NJ：Prentice Hall.

④ Cordner, G. W. (2001). Community policing elements and effects. In R. G. Dunham & G. P. Alpert (Eds.), Critical issues in policing (4th ed., pp. 493 – 510). Prospect Heights, IL：Waveland Press.

⑤ Goldstein, H. (1987). Toward community – oriented policing：Potential, basic requirements, and threshold questions. Crime & Delinquency, 33, 6 – 30.

⑥ Skogan, W., & Frydl, K. (Eds.). (2004) Fairness and effectiveness in policing：The evidence. Washington, DC：The National Academies Press.

⑦ Wilson, J. M. (2004). A measurement model approach to estimating community policing implementation. Justice Research and Policy, 6, 1 – 24.

和解决问题，已经成功地减少了恐惧，改善了警察和公众之间的关系，甚至减少了犯罪。例如，警察行政研究论坛（PERF）和警察基金会的研究得出结论：社区警务改善了警察和公众之间的合作，促进公民更多地参与，增加了公民和警察之间的信息共享，改善了公民对警察的态度，减少了对犯罪的恐惧。此外，有证据表明，社区警务减少了警察和公民之间的冲突，提高了警官的工作满意度，减少了针对财产和人员的犯罪。①

然而，任何组织变革都会有障碍需要应对，社区警务也不例外。社区警务遇到的第一个普遍问题是实施社区警务的警察机构缺乏结构性变革，典型的如授予一线警官自由裁量权所需的指挥结构权力下放。另一个周知的障碍是传统的警察亚文化，它强调打击犯罪和执法，而不是社区建设和解决社区问题。② 两者都被认为是警察机构全面实施社区警务的重大障碍。

即使在很早就开始实施社区警务的西方国家，社区警务也并不是都取得成功。学者斯括根概括了社区警务工作失败的常见原因：来自警察系统内部力量的抵制，如基层警察（社区警官）、警方管理人员、警察工会等，这通常由于部分警察认为，社区警务是对犯罪持有一种姑息态度，因而心存不满，还由于此项变革难以平衡社区警务活动（如徒步巡逻）与快速响应呼叫中心"911"之间的矛盾，甚至巡逻警察对社区警务人员也有抵触情绪。还有一些原因，比如，缺乏机构间合作，绩效评估引发的问题，缺乏社区参与，警察不当行为（警察腐败）和领导层换届等。③ 学者们认为，社区警务面临"警察组织内部结构和运作的整体障碍"。

学者和警务从业者为，20 世纪初的警察职业化削弱了警察与他们所

① Fridell, L. (2004). The results of three national surveys on community policing. In L. Fridell & M. A. Wycoff (Eds), Community policing: Past, present, and future (pp. 39 – 58). Washington, DC: Police Executive Research Forum, The Annie E. Casey Foundation.

② Maguire, E. R., & Katz, C. M. (2002). Community policing, loose coupling, and sensemaking in American police agencies. Justice Quarterly, 19, 503 – 536.

③ Skogan, W., & Frydl, K. (Eds.). (2004) Fairness and effectiveness in policing: The evidence. Washington, DC: The National Academies Press.

巡逻的社区之间的联系，这一做法规范了执法行为，创造了一种自上而下的官僚结构，将警察转变为外部的安全专家。对大量社区群体的抗拒和不信任被解释为一种"合法性危机"①。

这些情况为社区警务策略奠定了基础，社区警务策略强调三个主要组成部分：第一，与社区成员协商，以"界定、优先处理和解决犯罪问题"；第二，将传统的警察层级扁平化，将决策权下放给"直接参与社区事务的一线官员"；第三，优先识别与个别犯罪事件相关的更大潜在模式。换句话说，社区警务工作需采取预防性和积极主动的战略，以鼓励和授权地方官员与居民合作，查明并解决最紧迫的社区问题及其主要原因。

社区警务策略认为，有效的警务工作必须建立在居民认为警察和国家拥有合法权力的基础上，由此提高了与警察合作和普遍遵守法律的意愿。相反，在合法性受到质疑的社区，警察工作被视为更具挑战性。许多研究探讨了警察在公众眼中获得或失去合法性的情况，总的来说，这些研究主要侧重于程序正义（指导警察行使权力的程序的公正性）、分配正义（公民是否认为法律在不同群体之间得到类似的执行）、合法性（公民是否认为法律本身是合法的）和警察在有效控制犯罪方面的表现。② 程序正义和警察绩效被视为影响社区警务的一些因素，将社区警务与合法性联系起来的机制描述如下："社区警务策略增加了居民对程序正义的感知，这增强了对警察合法性的感知，认为警察是合法的，那么居民更有可能与警察合作并遵守法律。"③

最简单地说，这种关于社区警务的论证涉及社区、警察和国家三者之间行动的规范。关于社区警务合法性的研究很少质疑国家—警察之间的联系，假设警察执行任务的目的是为了规范国家设定的社会和法律秩序，如果这种以国家为基础的秩序受到破坏，该模式将很大程度上归因

---

① Greene, J. R. (2000), 'Community Policing in America: Changing the Nature, Structure, and Function of the Police', Criminal Justice, 3: 299 – 370.

② Mazerolle, L., Bennett, S., Davis, J., Sargeant, E. and Manning, M. (2013), 'Legitimacy in Policing: A Systematic Review', Campbell Systematic Reviews, 9: 1 – 147.

③ Hawdon, J. E. (2008), 'Legitimacy, Trust, Social Capital, and Policing Styles: A TheoreticalStatement', Police Quarterly, 11: 182 – 201.

于社区—警察关系的破裂，而社区—警察关系的破裂反过来又归因于警察部队被认为表现不佳和行为不公。

二、社区、警察和国家关系的三种模式

警察、社区与国家之间关系的常见或首要模式，是"警察合法化"模式。即警察属于国家机器的一个部分，国家赋予警察以提供警务服务（包括社区警务服务）的合法性。如果警察未能按照公平的程序提供有效的警务服务，势必会引发警察的合法性危机，从而影响警察权威，进而影响国家权威，因此，警察的合法性与国家的合法性直接相关。[①] 表现不佳的警察部队和社区成员之间的脆弱关系会导致警察合法性的削弱，如果通过警察改革，使警察行为更加有效和公平，合法性则可以得到恢复。

但是，并不是所有国家都具有"警察合法化"模式特征。学者马克斯·门德斯贝克和里夫克·杰夫认为，警察的合法性受到质疑的情况下，尤其在一些南美洲国家，社区警务呈现出另外两种模式。其中一种是"竞争秩序模式"，在警察提供警务服务质量不佳的情形下，法外行为者在维持治安和提供其他公共产品和服务方面发挥了作用，与警察形成相互竞争。[②]

犯罪组织可能以类似国家的方式运作：在许多情况下，它们在其势力范围内仲裁争端，执行经济交易和保护私人财产，甚至可能向老年人分配社会福利，向年轻人分配就业机会。学者查尔斯·蒂利曾将国家的形成与单一团伙使用强制手段巩固其地位相比较，并强调犯罪组织不是混乱的代理人，而是在中央权力薄弱的情况下出现的新秩序。他还指出，帮派组织在提供保护和其他公共服务方面的作用使他们能够作为另

---

① Herbert, S. (2006), 'Tangled up in Blue：Conflicting Paths to Police Legitimacy', Theoretical Criminology, 10：481－504.

② Max Méndez Beck & Rivke Jaff, Community Policing Goes South：Policy Mobilities And New Geographies Of Criminological Theory. https：//academic. oup. com/bjc/article/59/4/823/5179843, 27 April 2021.

一种创造秩序的行动者与警察和国家竞争。①

"竞争秩序"模式是基于一种经济学理论，将犯罪组织视为（与国家和警察存在）竞争的（社区）服务提供者。一些学者提出，这种模式的存在需要考虑到社区隐藏的文化背景，即犯罪组织和社区居民享有共同的价值观和"文化"，所以犯罪组织不会被社区居民视为"违法者"。例如，学者阿克洛夫和耶伦认为，居民与警方缺乏合作的原因是多样的，有的是因为担心遭到帮派报复，有的是因为帮派对社区具有"积极贡献"（对社区提供保护等）而不愿意合作，还有就是文化原因，警察作为执法当局可能代表一种不受社区信任的外来文化。既然犯罪组织被社区居民认为是"合法的"，那么在这样的环境中，警察的执法行为反而被认为是"非法的"。②

其他的一些关于"竞争"模式的观点认为，警察与其他城市治理行为者之间是一种"零和博弈"的关系，即通过社区警务改善社区和警察之间的关系会破坏社区和帮派之间的关系。而在学者马克斯·门德斯贝克等人所提的"竞争秩序"中，警察则被视为国家的代理人，当警察与社区之间的关系遭到破坏时，引入另外一个社区治理行为者——帮派组织。帮派作为警察之外的城市治理者，虽然与国家存在竞争，但不是"零和博弈"的关系，而是警察合法性模式的延伸。因为在社区警务（社区治理）语境下强调的不是帮派实施犯罪行为，而是其向社区提供了保护，执行与社区共有的规范和价值观。③

除上述"警察合法模式"和"竞争秩序"模式外，门德斯贝克等人还提出了"节点治理模式"。他们认为，这种模式在一定程度上是由竞争秩序模式发展而来，侧重于多个社区治理行为者的存在，但不认为治理行为者之间必然具有竞争性。在"警察合法模式"中，存在两个主

---

① Charles, C. A. D. (2002), 'Garrison Communities as Counter Societies: The Case of the 1998 Zeeks' Riot in Jamaica', Soulz, 1: 29 – 43.

② Akerlof, G. A. and Yellen, J. L. (1994), 'Gang Behavior, Law Enforcement and Community Values', in H. J. Aaron, T. E. Mann and T. Taylor, eds., Values and Public Policy, 173 – 209. Brookings Institution.

③ Max Méndez Beck & Rivke Jaff, Community Policing Goes South: Policy Mobilities And New Geographies Of Criminological Theory.

体：作为治理行为者的国家（包括作为国家代理人的警察）以及作为被治理对象的社区。在"竞争秩序"模型中，治理行为者变为两个：国家和帮派。而在"节点治理"模型中，除了国家和社区外，出现了多个治理行为者，包括除警察以外的国家行为者（比如政府其他部门）和其他非国家行为者（比如社会团体等），而且各个行为者之间是相互联系的，并没有从属或层级关系。①

"节点治理"模式受"多中心治理"理论的启发，认为一个政治体系或秩序可能涉及多个独立的决策（权力）和责任中心（或节点）。这些中心或节点既包括国家行为者，也包括非国家行为者，其适用的领域和范围广泛，运作规模各不相同，既可以针对社区（比如社区警务），也可以扩展至全球范围内的问题治理（比如全球气候问题）。

在社区警务改革历史中，可以看到从"警察合法化"模式向"节点治理"模式的转变。社区警务于 20 世纪六七十年代产生后，警察代表国家作为绝对的主权权力象征，警务活动变得更加面向社区和以社区为基础。在随后的几十年中，警察不再是社区警务的唯一行为者，从政府其他部门到私营企业主、社会组织和团体，越来越多的行为者加入社区治理的"关系"中，形成了更灵活的节点伙伴关系。因此，"节点治理"模式提供了一个更加多样化和流动性更强的权力结构，而不是一个简单且一成不变的结构。②

三、警察合法性障碍——墨西哥的社区警务实践

社区警务方案不仅有望改善城市安全环境，它还能使安全治理更加民主、参与性更高且更负责任，增强当地民众对警察的信心，并提高警察对公民安全问题的敏感度。就如同海博特所说：在设计和实施旨在解决当地问题的方案时，官员和居民作为平等的伙伴相互接触。这种"合

---

① Herbert, S. (2006), 'Tangled up in Blue: Conflicting Paths to Police Legitimacy', Theoretical Criminology, 10: 481 – 504.

② Blaustein, J. (2016), 'Exporting Criminological Innovation Abroad: Discursive Representation, "Evidence – Based Crime Prevention" and the Post – Neoliberal Development Agenda in Latin America', Theoretical Criminology, 20: 165 – 184.

作生产"的做法可能会带来更高的有效性和更强的合法性：有效性是因为社区更充分地参与，合法性是因为警察将接受民主监督。①

许多学者将社区警务战略看成一种"国际最佳做法"。在拉丁美洲，社区警务不仅被视为一种有希望和可持续的安全行动，也被认为是重建民众对警察信任的重要途径。然而，社区警务倡导者经常忽视的事实是，即使是在最早制定社区警务战略的美国，社区警务方案的所谓"成功"和具体成就仍然是一个悬而未决的争议问题。② 而且，拉丁美洲社区警务社区也往往忽视"发展中世界"社区警务方案执行的具体情况，缺乏对当地社区警务工作的更深层次的理解，对既定的政治、社会和警务结构对此类计划的影响以及此类计划对当地政策制定者的政治吸引力缺乏敏感性——不仅仅是眼前的安全问题。③ 学者迈克·布罗登和普雷蒂·尼哈尔指出："转型国家和发展中国家的社区警务有着强烈的'拿来主义'风格。"④

早在 20 世纪 80 年代，墨西哥首都墨西哥城即开启了"社区警务"的雏形——社区警察制度。联邦警察局（Secretary of Public Security for the Federal District, SPSFD）被指派到当时受犯罪浪潮影响最大的街区巡逻。让这些警察出现在这些地区，以期帮助当地居民和警察之间建立更密切和更好的关系，从而重建对警察机构的信任和信心，并提高警察机关打击犯罪的能力。为达到这个目标，警方选择了犯罪率最高的地区，并为警务人员提供为期三个月的训练课程，教导他们与社区成员共处。选定的巡逻车和警察岗哨都涂上了"社区警察"的字样，这就是墨

---

① Herbert, Steve (2001) "Policing the Contemporary City: Fixing Broken Windows or Shoring Up NeoLiberalism", Theoretical Criminology, 5/4, pp. 445 – 466.

② Stanley, Ruth (2006) "The Globalisation of 'Democratic' Policing. Community Policing as an Export Model". In: Sérgio Costa, Jorge Maurício Domingues, Wolfgang Knöbl and Josué Silva (eds) The Plurality of Modernity. Decentring Sociology. München: Hampp Verlag, pp. 87 – 98.

③ Ruteere, Mutuma; and Marie – Emmanuelle Pommerolle (2003) "Democratizing Security or Decentralizing Repression? The Ambiguities of Community Policing in Kenya", African Affairs, 102/409, pp. 587 – 604.

④ O'Donnell, Guillermo (2006) "On Informal Institutions, Once Again". In: Gretchen Helmke and Steven Levitsky (eds) Informal Institutions & Democracy. Lessons from Latin America. Baltimore: John Hopkins University Press, pp. 285 – 290.

西哥早期社区警务雏形的核心内容。①

在接下来的几年里，这个项目很快就被搁置了。然而，由于它仍未解决安全问题，也没有增强公民对当地警察部队的信任，2003 年墨西哥城正式建立社区警务（西班牙语，直译为邻里警务）。时任警察局长（现任墨西哥城市长）马塞洛·埃布拉德（Marcelo Ebrard）指出，在相互信任的基础上重建警民关系至关重要，这是当地警务战略的一个重要组成部分，社区警务的建立就是为了达到这个目的。但该方案的重建并没有伴随对其前身或墨西哥城及其警察机构的结构状况的评估。相反，执行这一方案的决定是基于其他国家的经验。② 据说当时墨西哥城的居民对他们的警察部队很有信心。尽管缺乏科学和专业的评估，在接下来的几年，社区警务方案开始在墨西哥城实施。③

根据官方声明，社区警务方案的主要目标可以确定为（重新）建立对当地警察部队的信任，使他们更密切地接触当地居民，让当地居民在评估和规划警察工作和战略时有发言权，使警察对当地居民更加负责。这些步骤被视为打击当地犯罪的更有效战略的重要组成部分。

2006 年，有近 2000 名警察被划拨到社区警务计划，分配到上百个犯罪指数高的巡逻区。参与社区警官的基本警务工作相当简单，在指定的巡逻区巡逻，巡逻轮次必须由选定的公民确认。此外，社区警官还要参加社区居民委员会的会议，以助于根据社区的安全需求评估和重组社区警务战略。然而，尽管社区警察被分配到某个区，他们仍然处于联邦警察局的集中领导下。这种情况与社区警务要求的警察组织扁平化与权

---

① Arroyo Juárez, M. (2007) "Evaluating the Zero Tolerance Strategy and its Application in Mexico City". In: Wayne Cornelius and David Shirk (eds) Reforming the Administration of Justice in Mexico. Notre Dame: University of Notre Dame Press, pp. 415 – 438.

② Waddington, Peter A. J. (1999) Policing Citizens: Authority and Rights. London: Routledge. (1984) "Community Policing: A Sceptical Appraisal". In: Philip Norton (ed.) Law and Order and British Politics. Aldershot: Gower, pp. 84 – 96.

③ Arias, Ernique Desmond; and Rodrigues Corinne Davis (2006) "The Myth of Personal Security: Criminal Gangs, Dispute Resolution, and Identity in Rio de Janeiro's Favelas", Latin American Politics and Society, 48/4, pp. 53 – 81.

力下放大相径庭。①

除此之外，警察的一些不当行为也会导致民众对社区警务方案产生负面看法。比如，社区警官最主要的职责是巡逻，虽然分配到该区的警察有明确的巡逻区域和时间表，但实际上，警察随时都可能出现。虽然在理论上，他们的巡逻完成后必须由选定的当地居民确认，但在实践中，这些负有监督职责的居民经常被社区警察"要求"一次性确认一整天的所有巡逻。② 这些事实不仅严重损害了社区警务方案的效率，也损害了民众对警察的信任。

在墨西哥城，社区警务的发展可以被称为"象征性治安"。地方当局越来越倾向于解决地方执法机构的安全问题，而不认真致力于警察机构改革。相反，当局关心的是公开可见的和可显示的措施，如购买新的、更时尚的制服、新设备或建立新的部门。③ 这种象征性警务的吸引力越来越大，这与当地民主化进程、相关的多元化和当地及国家政治力量之间的竞争以及由此导致的墨西哥城安全问题政治化密切相关。

公民通过社区警务方案积极参与公共安全的营造，已成为当代拉丁美洲的一项重要的城市警务战略，这在很大程度上基于一个假设：即这种"国际最佳做法"有助于建立更加有效的、民主的和负责的警务，并改善公民与警察的关系。然而，墨西哥城的社区警务实践并未能改善公民与警察的关系。地方社区警务工作过度依赖既定的（原有的）警察组织，因此缺乏社区警务需要的组织体系。同时，社区警察的不作为或随意的警务工作，不仅没有促进警察与民众之间的和谐、促进互利的安全合作，反而加深了社区警务人员和当地居民之间强烈的互不信任情绪。显然墨西哥城的社区警务改革并不成功。

① Stanley, Ruth (2006) "The Globalisation of 'Democratic' Policing. Community Policing as an Export Model". In: Sérgio Costa, Jorge Maurício Domingues, Wolfgang Knöbl and Josué Silva (eds) The Plurality of Modernity. Decentring Sociology. München: Hampp Verlag, pp. 87 – 98.

② Hilgers, Tina (2008) "Causes and Consequences of Political Clientelism: Mexico's PRD in Comparative Perspective", Latin American Politics and Society, 50/4, pp. 123 – 153.

③ LaRose, Anthony P. (2006) "Individual Values of Mexico's New Centurions: Will Police Recruits Implement Community – Based Changes?", Journal of Contemporary Criminal Justice, 22/4, pp. 286 – 302.

四、国家、警察与帮派的"竞争"——牙买加的社区警务实践

20 世纪 90 年代初，牙买加首次引入社区警务战略，在首都金斯敦的两个社区进行一项小规模的试点计划。虽然这些努力成效甚微，但也直接回应了当时要求全面改革警察体制的呼吁，以解决警察的合法性危机（当时的警察部队面临根深蒂固的腐败和滥用权力等方面的问题）①②。

2000 年以后的几年，随着负责领导和协调社区警务工作的一个单独部门"社区安保和安全处"（the Community Security and Safety Branch, CSSB）的设立、《社区警务服务手册》的出版以及全国范围社区警务举措第一阶段的启动，牙买加开始加快社区警务改革进程。社区警察的任务包括定期巡逻，与社区成员建立合作关系，确定社区的政策利益相关者和调解纠纷。工作重点是三项具体计划：邻里守望计划（the Neighborhood Watch Programme）、警察青年俱乐部计划（the Police Youth Clubs）和安全学校计划（the Safe Schools Programme）。③ 在这三个方案中，"邻里守望计划"最不活跃，仅侧重于高收入地区。"警察青年俱乐部计划"最受重视，每月召开几次会议，引导年轻人"成为有价值和有生产力的牙买加公民"，并"为发展他们的管理技能、礼仪和其他价值体系做出贡献。"④ 警官们把警察青年俱乐部描述为社区治安战略的象征。"安全学校计划"是对公立学校的补充，向公立学校派遣社区警官，并授予他们"校园警官"（School Resource Officers, SRO）的头衔。社区警官几乎覆盖辖区内的所有公立学校，其任务是监测和解决学校的骚乱，同时通过讲座、参与学校活动与学生建立联系。这项方案是为了从

①　Harriott, A. (1997), 'Reforming the Jamaica Constabulary Force: From Political to Professional Policing?', Caribbean Quarterly, 43: 1 – 12.

②　Chambers, V. (2014), Securing Communities and Transforming Policing Cultures: A Desk Study of Community Policing in Jamaica. Overseas Development Institute.

③　GOJ (Government of Jamaica) (2010), National Crime Prevention and Community Safety Strategy. GOJ.

④　Jamaica Constabulary Force (2015), Police Youth Clubs, available online at https: // www. jcf. gov. jm/programmes/police – youth – clubs.

年轻人开始改变人们原先对警察不好的认识。

在牙买加，犯罪组织在社区中的作用是一个反复出现的主题：警察与社区关系破裂，随后，犯罪头目崛起。随着黑帮权力开始增长，社区居民开始拒绝与警方合作——这与竞争秩序模式相一致。据称，金斯敦的许多中心社区在完全不同的社会秩序下运作，政府的法律并不适用。然而，警察或其他国家公职人员并未觉得这是包括警察在内的国家机构表现不佳的后果，相反，他们认为是公民偏离社会规范和价值观造成的。[1]

学者马克斯·门德斯贝克等人选择了金斯敦的两个地区进行调研：布里克镇（Brick Town）和梅波尔（Maypole）。这是金斯敦的两个低收入、高犯罪率地区，布里克镇位于繁华的商业区，靠近一个大型露天市场和一个公共汽车终点站，而梅波尔是一个相对僻静和更宽敞的社区，坐落在海洋和一座无人居住的森林小山之间。这两个地区的人口规模相当（约有 6000 名居民和 2000 个家庭）。在这里，社区警务是一种双重战略，既在警务行动中消除黑帮势力，又通过社区警务强调国家的存在。这样的综合性战略方案在不同的社区产生了不同的结果，布里克镇继续遭受帮派间冲突的困扰，这显示出撤销黑帮的潜在负面影响；梅波尔的社区安全局势有了显著改善，这强调了其他治理行为者在调解黑帮、警察和社区之间的关系方面的作用。[2]

按照门德斯贝克等人的分析，在布里克镇，帮派组织之间不断竞争，联盟关系不断变化，以获取附近市场提供的经济机会。而在更为孤立的梅波尔地区，犯罪组织则更多地与地盘要求、地位和荣誉纠纷联系在一起。与此同时，社区中经济机会的稀缺造成了黑帮与当地政客之间形成更多的私人关系。在梅波尔，这种庇护者与客户的关系或多或少保持完好无损，这使得"流血"事件有所减少，这一点被警察机关当作社

---

① Harbers, I., Jaffe, R. and Cummings, V. J. (2016), 'A Battle for Hearts and Minds? Citizens' Perceptions of Formal and Irregular Governance Actors in Urban Jamaica', Política y Gobierno, 23: 97–123.

② Max Méndez Beck & Rivke Jaff, Community Policing Goes South: Policy Mobilities And New Geographies Of Criminological Theory. https://academic.oup.com/bjc/article/59/4/823/5179843, 27 April 2021.

区警务成功的证据。①

2010 年，金斯敦警方和军方在广大的贫困地区采取行动，清除了几个强大的黑帮，结果导致了不可预测的周期性暴力。居民们感觉到，盗窃和其他轻微犯罪事件在增加。正如政府所预想的那样，刑事治理规则会让位于法律秩序，但地方权力结构随着地方黑帮的倒台而分裂和削弱。许多居民指出，黑帮在为"年轻人"提供就业机会和监督其行为方面起着正式的作用。居民们认为，大量年轻人失业和惩治黑帮执行不力导致专门从事敲诈勒索和小偷小摸的暴力组织激增，并为争夺地盘和利润而进行暴力竞争。居民们认为以前只有一个"秩序"，现在却有很多"秩序"，反而让他们"无所适从"。居民认为警察没有能力解决这些问题，部分原因是他们认为这些问题与更大的黑帮体系有关。居民们继续抱怨关键时刻警察的缺位以及他们普遍的无能，同时也对警察在与居民互动中对待居民的方式提出质疑。许多居民认为，警察与坏人混在一起，或者警察就是坏人。一些人认为，警察的行为与帮派的行为没有什么不同，经济利益压倒了任何机构的使命。②

在关于牙买加警务改革的研究中，都发现了一个普遍问题，即公民对警察毫无信任。政府期望推行社区警务，让民众信任警察、支持警察。但是，在这个国家，帮派组织、警察和政客之间长期的根深蒂固的联系，破坏了社区警务实施的基本前提——警察的合法性，实际上民众并不承认警察的合法性。一些学者认为，在与牙买加情况类似的拉丁美洲国家，都存在这样的问题，"国家"和"黑帮"之间的关系可能是一种外包、勾结甚至共同治理的关系，这种关系的性质更直接地联系到节点治理模式，这种模式强调多个治理行为者或节点在提供城市地区安全

---

① Max Méndez Beck & Rivke Jaff, Community Policing Goes South: Policy Mobilities And New Geographies Of Criminological Theory. https://academic.oup.com/bjc/article/59/4/823/5179843, 27 April 2021.

② Jaffe, R. (2013), 'The Hybrid State: Crime and Citizenship in Urban Jamaica', American Ethnologist, 40: 734 – 48.

方面的作用。①

牙买加的现实情况是，犯罪组织（帮派）在社区中解决一些具体问题，保护了社区的安全，尽管与代表国家的警察共存，但实际上起到了社区安全治理体系中的权力和责任中心作用，这是一种典型的"竞争秩序"模式。而当政府试图改变这种情况时，首先考虑的是以"警察合法性"模式替代并去除帮派的影响，只保留警察作为社区安全行为者。但是，事实证明，这样的方式在牙买加是行不通的。

牙买加的社区警务实践证明，将产生且主要适用于欧美国家的社区警务模式照搬到发展中国家，需要考察该国的实际情况，如经济发展水平、社会治安状况、人们对警察和警务的认识，参与社区暴力的行为者和提供公共服务的行为者等，而不能直接套用。在牙买加，警方没有与其他社区安全行为者协调，其试图打击犯罪组织的影响，重新确立警察的合法性以及警察在社区安全方面的首要地位的努力肯定是无效的。

门德斯贝克等人认为，将社区警务视为警方与帮派之间一场争夺居民"思想和心灵"的战斗，或许可能无法削弱帮派的力量。尤其是如果这些帮派组织的权力来源不仅限于社区居民的"忠诚"，还包括社区安全治理体系中其他行为者的支持，如政客、企业、社会组织和警察。这种策略甚至可能通过破坏整体治理体系而产生不利影响，特别是当"主导者"（牙买加案例中的帮派）被移除，却没有其他行为者能够取代他们在社区安全治理方面的角色时（在布里克镇就发生了这种情况）。②

社区警务的"节点治理"模式可以明确承认犯罪组织的有效治理角色，"之前的一些研究往往忽略了治理参与者的多样性以及各参与者之间的多样化和复杂化的关系"③。牙买加的例子表明了承认法外的、暴力

---

① Blaustein, J. (2016), 'Exporting Criminological Innovation Abroad: Discursive Representation, "Evidence - Based Crime Prevention" and the Post - Neoliberal Development Agenda in Latin America', Theoretical Criminology, 20: 165 - 84.

② Max Méndez Beck & Rivke Jaff, Community Policing Goes South: Policy Mobilities And New Geographies Of Criminological Theory. https://academic.oup.com/bjc/article/59/4/823/5179843, 27 April 2021.

③ Bailey, J. and Taylor, M. M. (2009), 'Evade, Corrupt, or Confront? Organized Crime and the State in Brazil and Mexico', Journal of Politics in Latin America, 1: 3 - 29.

的非传统安全治理节点的重要性，以及他们可能与传统安全治理节点（国家机构）发展"平衡关系"的重要性。因此，从"节点治理"模式的角度来看，犯罪组织不一定与国家行为者和其他行为者（社会机构、组织等）对立，而是可以作为社区安全治理体系中的一个独立行为者，和警察、其他行为者共存，既可以相互竞争，也可以相互补充。①

---

　　① Max Méndez Beck & Rivke Jaff，Community Policing Goes South：Policy Mobilities And New Geographies Of Criminological Theory. https：//academic. oup. com/bjc/article/59/4/823/5179843，27 April 2021.

第八章

社区警察与民众的信任构建
——荷兰的实践

社区警务发展至今已超过半个世纪，其间，实施社区警务的许多国家，其警察部队都经历了若干次大变革。伴随着警察机构从简单的行政机构改造为复杂的专业机构，社区警务也在不断改革和创新。即使在"问题导向型"警务模式和"情报主导型"警务模式相继出现的时代，社区警务都始终是警务工作中不可或缺的重要组成部分。

仍然有许多学者和实务工作者在不断研究、探讨社区警务的许多"未解"问题，比如"社区""治安"这些本质上尚存争议的概念，比如"社区警务"也缺乏严密的定义，这个概念是变化中的、"模糊的"，在不同时期和不同社会背景之下，社区警务的内涵并不完全相同。[①] 民众和警察对社区警务的认识也有所不同，因为双方的立场和角度本就不同。同时，也有越来越多的实证研究证明，社区警务模式的"初心"、原则和目标，在实践中很难实现。一些观点认为，社区警务战略永远无法充分发挥作用，因为理论和实践之间仍有相当大的差距。[②] 因此，一些学者"改良"了社区警务的"原始"概念，提出社区警务的"变体"，如问题导向型警务模式、第三方警务模式等。进入 21 世纪后，"情报主导型"警务模式受到越来越多的"追捧"，这都不可避免地将对社区警务产生深远的影响。

在过去的三四十年间，警务活动的政治和社会条件在整个西方世界发生了巨大变化。犯罪率急剧上升，犯罪防控日益复杂，公共秩序已经成为一个紧迫的政治问题。层出不穷的新威胁不断出现，如恐怖主义，进一步加重了普遍的不安全感。在这种形势下，社区警务战略的整体表现没有达到期望，甚至遭到严厉批评。批评的主要内容包括，警察的所作所为与公民对他们的期望之间经常存在差距，公民对警察在减少犯罪和维护社会治安方面的工作不力感到不满，公民认为警方需要评估和改

---

① Braga, A. B. and Weisburd, D. L. (2012). The effects of "pulling levers" focussed deterrence strategies on crime. Oslo: The Campbell Collaboration.

② Skogan, W. G. (2003b). 'Representing the Community in Community Policing.' In Skogan, W. G. (ed.), Community Policing: Can It Work? Belmont, CA: Wadsworth Publishing, pp. 57 – 75.

进警务工作。① 同时，公民对警察的态度也有所转变，从反对严厉的"零容忍"警察转变为反对过度温和的警察。此外，由于一些国家财政紧缩，警察部队面临预算削减的挑战，这可能会减少传统的、身着制服的一线警察在城市街区的存在。或许从长远来看，他们的存在将越来越多地被级别较低的社区警察所替代。② 社区警务面临的这些困难的背后，隐藏着一个难以克服的内部障碍：一方面，良好的社区警务需要警察靠近公民，这样才能足够了解人们在日常生活中遇到的问题以及知道如何共同解决这些问题；另一方面，良好的社区警务也要求警察与公民保持一定的距离，以便在危急情况下才实行干预。

一、社区警务中警民合作的传统观点

有效的警务取决于社区居民的支持。实际上，社区合作可能是成功实施社区警务的最关键因素。警察、居民和其他机构之间的合作如此重要，这不仅是人们的期望，也是维护社区良好治安的核心前提之一。正如学者指出的，人们不再期望社区在与警察的关系中或在追求社区安全时消极被动。相反，社区警务实施的过程中，警方和社区需要共同努力识别邻里问题，社区对邻里承担更大的"监护"作用。③

社区警务强调居民与警察之间的互动，其重点是加强居民与警官之间面对面的互动，以及基于当地规范的个人服务，社区警务试图将警察融入社区——非正式社会控制系统基础的主要群体。如果警察成功地成为社区的一部分，他们就可以有效地利用这些非正式社会网络，在犯罪发生之前加以预防，或打击已经发生的犯罪。

许多研究证明，居民与社区联系薄弱的社区，通常会受到犯罪活动的困扰。相反地，也很明显的是，有凝聚力的社区经常会看到很多非正

---

① Innes, M. (2006). 'Introducing Reassurance and the "New" Community Policing.' Policing & Society 16 (2): 95–98.

② Bratton, W. J. and Malinowski, S. W. (2008). Police Performance Management in Practice: Taking COMPSTAT to the Next Level.' Policing: A Journal of Policy and Practice 2 (3): 259–265.

③ Greene, J. R., & Pelfrey, W. V., Jr. (1997). Shifting the balance of power between police and community: Responsibility for crime control. In R. Dunham&G. Alpert (Eds.), Critical issues in policing: Contemporary readings (pp. 393–423). Prospect Heights, IL: Waveland.

规社会控制。无论源于密切监视、对一个人行为的强烈质疑，还是对不当行为的口头谴责，有凝聚力的社区中非正式控制是普遍存在的。① 因此，如果警察能够利用社区的非正式控制机制，他们就可以提高效率。

以社区警务维护社区治安至少需要两个基本前提。第一，社区警务需要一个"社区"真实存在。所谓的社区，是共同居住在一定区域内的居民能够达成价值共识。在一些"无组织"的社区，缺乏非正式的社会控制网络，就需要警察使用更传统的警务方式（如逮捕、起诉等）维护社区治安。

第二，社区警务需要居民愿意与警方合作。这种合作意愿基于居民对警察的信任。在实践中，某些社区的意愿是值得怀疑的。尤其在许多贫困或少数族裔社区，警察没有得到足够的尊重或信任。贫穷、混杂的社区，往往缺乏成功减少犯罪所需的价值共识和居民合作。因此，社区警务在这些社区不太可能取得成功。正如许多警务学者所指出的，"极端贫困的社区几乎没有潜力具备必要的关系来建立非正式的社会控制网络"②。一个社区存在越多的犯罪活动和风险因素，就越不可能发展任何有组织的社区活动来打击犯罪，如邻里守望，而这是社区警务的基石。

所以，正如某些学者所指出的，社区警务最有可能在那些最不需要的社区获得成功。社区警务的成功，在某种程度上基于社区居民"团结"的程度。参与并"依附"于社区的居民更有可能与警方合作，并更尊重警方。再者，如果警察能够成功地减少犯罪和改善社区条件，社区凝聚力就能得到加强。事实上，20 世纪 80 年代的许多社区警务实践，就是通过促进"社区凝聚力"来实现的。社区凝聚力以及居民对警察的态度不是一成不变的，什么样的情形会影响这两个因素？

为了明确与警方的接触是否会增强居民对警方的信任，学者詹姆

---

① Greenberg, S. W. , & Rohe, W. M. （1986）. Informal social control and crime prevention in modern urban neighborhoods. InR. B. Taylor （Ed. ）, Urban neighborhoods; research and policy （pp. 79 – 122）. New York：Praeger.

② Bartollas, C. , & Hahn, L. D. （1999）. Policing in America. Boston：Allyn and Bacon. Alpert, G. , DunhamR. , &Piquero, A. （1998）. On the study of neighborhoods and the police. InG. Alpert &A. Piquero （Eds. ）, Community policing：Contemporary readings （pp. 309 – 326）. Prospect Heights, IL：Waveland.

斯·霍顿和约翰·瑞安弗做过一项实证调研。他们随机选择了美国南方一个小城市中某个社区中的130名居民电话访谈。这个社区由大约300个家庭组成，其所在的县是该州暴力犯罪率最高的县。此外，相对于该县的其他社区，被选作调研对象的这个社区的暴力犯罪率高得离谱。这是一个多种族聚居社区。虽然大多数居民（60.9%）是白人，但社区中有相当多的非裔美国人（26.3%）和西班牙裔美国人（12.8%）。尽管80%以上的居民拥有自己的住房，但是，该社区的人均收入却很低（略高于2万美元），居民受教育程度也很低（50%的成年人达不到高中学历）。根据当地警方的记录，1995—1998年间，该县近60%的暴力犯罪都发生在该社区。同样，根据联邦司法部的统计数据，这个社区的青少年犯罪率远高于该州的平均水平。①

第一，研究结果表明，社区居民与警察的接触并不是影响居民满意度的最重要因素。居民似乎更喜欢让警察在他们的社区巡逻，而不是与他们互动。这一发现反驳了之前的研究，即与警察的增加互动提高了公民的满意度。只要警察具有一定"能见度"，警民之间的互动对居民满意度没有影响。

正如学者韦伯、卡茨和格雷厄提到的，居民认为传统的"执法"目标比与社区警务相关的"服务导向"目标更重要。高度可见的警务让居民看到警察在努力控制犯罪，或者至少是在努力试图控制犯罪，经常巡逻某个街区的警察比那些不经常巡逻的警察更有可能逮捕罪犯。②

第二，研究表明，与警察的互动可以改善居民对警察的看法，但也可能损害警察的形象。当居民认为警察尊重和关心居民，拥有合法权力时，居民更有可能对他们持积极态度并遵守法律。改善警察与居民关系的是互动的性质，而不是数量。③

---

① James Hawdon & John Ryan（2003）Police–Resident Interactions and Satisfaction With Police：An Empirical Test of Community Policing Assertions. Criminal Justice Policy Review / March 2003 （55–74）.

② Webb, V. J., Katz, C. M., & Graham, N.（1987）. Citizenratingsontheimportanceofselected police duties. Journal of Crime and Justice, 20（1）, 37–54.

③ Stoutland, S. E.（2001）. The multiple dimensions of trust in resident–police relations in Boston. Journal of Research in Crime and Delinquency, 38（3）, 226–256.

第三，那些相信社区正常运转的人很可能是那些与警察积极互动的人。这些人也是最有可能尊敬警察的人。因此，就社区团结而言，与警方互动并不意味着对警方有好感。

詹姆斯·霍顿和约翰·瑞安弗的研究为社区警务实践提出了问题。毫无疑问，社区警务的成功需要居民的支持。但是，犯罪率越高的社区，居民的支持越少。因此，有观点提出让警察承担"社区建设者"的额外角色。① 即使这样的想法是好的，但是，大多数警官是否有足够的时间和资源去完成额外的任务，这一点值得怀疑。从以往的实践来看，警方动员社区的努力通常只在中等收入的白人社区中取得成功。

上述研究结果显示，试图通过增加警察与居民的接触来改善警察与社区之间的关系可能是错误的。警察不是通过与居民进行更多互动来促进社区凝聚力或团结，而是利用现有的基层组织来更好地服务于社区警务工作。正如学者弗里德曼所说，社区警务需要独立于警察的强大的"邻里协会"。通过与这些基层组织合作，警方可以获取更多的居民支持，也可以改善社区的生活条件。②

二、社区警务中警民合作的现实差距

现代警务理论和实践往往强调以社区为导向的警务理念和正当程序原则，以改善警察与社区的关系。社区警务理念和正当程序原则都要求警察在与居民接触时有更多的互动，这不可避免地导致警察花费更多的时间。

社区警务理念强调居民在帮助警方确定优先工作事项方面的作用，并要求警察在日常工作中更加面向社区。这样一来，居民会更加支持警察工作，良好健康的警民关系也得以建立和维持。社区警务意味着警方具有一项"额外"的任务，即警察不仅要花时间处理犯罪，而且要经常

---

① Oliver, W. M. (2001). Community – oriented policing: A systemic approach to policing, 2nd ed. Upper Saddle River, NJ: Prentice Hall.

② Friedman, W. (1994). The community role in community policing. In D. P. Rosenbaum (Ed.), The challenge of community policing: Testing the promises (pp. 263 – 269). Thousand Oaks, CA: Sage.

与居民交谈，以解决社区问题。因此，自社区警务产生直至 20 世纪 90 年代，人们都认为社区警务是警务发展历程中的一场革命，它重塑了执法的理念与执法者的形象。①

有学者提出，警务中的正当程序原则是一个较新的理念，它强调警察在与居民打交道时行为的公平性。这是一种基于程序的理念，要求警察花时间行使正当程序，以此提高警察的合法性。② 警务中的正当程序原则包含四个关键要素："可信、尊重、中立和参与"，应通过警察的行为和决定来证明。③ 警察在与居民的接触中，需要通过"对话"塑造警务的程序正义，增强警务的合法性。近年来，在关于警察与居民关系的讨论中，正当程序正义和警察合法性受到了极大的关注。

当代的正当程序定义往往侧重于法律代理人（如警察）行使权力的方式。当警察以一致的、合乎道德的和公正的方式使用他们的法律权力时，警察的行为在程序上被认为是正当的。④ 21 世纪的研究将正当程序界定为两个要素："处理质量"（quality of treatment）和"决策质量"（quality of decision – makin）⑤。

一直以来，有不少学者通过各种研究评估正当程序对社区警务产生的直接影响，比如居民对警察的满意度，对警察形象的认识，以及居民是否遵守警察的命令。合法性被定义为"领导者可以利用的忠诚'蓄水

---

① Skogan, W. G. , Van Craen, M. , and Hennessy, C. (2015). 'Training Police for Proce-dural Justice. ' Journal of Experimental Criminology 11 (3): 319 – 334.

② Mengyan Dai& Xiaochen Hu, Exploring the Duration of Police – Citizen Encounters, Poli-cing, Volume 0, Number 0, pp. 1 – 15 doi: 10. 1093/police/paaa006.

③ Tyler, T. R. (2003). 'Procedural Justice, Legitimacy, and the Effective Rule of Law. ' Crime and Justice 30: 283 – 357.

④ Tyler, T. 1988. "What is Procedural Justice? Criteria Used by Citizens to Assess the Fairness of Legal Procedures. " Law and Society Review 22: 103 – 35.

Sunshine, J. , and Tyler, T. 2003. "The Role of Procedural Justice and Legitimacy in Shaping Public Support for Policing. " Law and Society Review 37: 513 – 47.

Leventhal, G. 1980. "What Should be Done with Equity Theory? . " In Gergen, K. , Green-berg, M. , and Weiss, R. (eds), Social Exchange: Advances in Theory and Research, New York: Plenum, pp: 27 – 55.

⑤ Reisig, M. , Bratton, J. , and Gertz, M. 2007. "The Construct Validity and Refinement of Process – Based Policing.

池'，可以给予其有效治理所需的自由裁量权"①。居民直接或间接的经历形成他们对警察合法性的认识。那些被警察虐待的人，或者有家人、朋友或邻居受到虐待的人，更有可能质疑警察的合法性。学者泰勒认为，低水平的合法性会降低居民与警方合作的可能性。相比之下，居民认为警察合法，才更有可能配合工作。②

学者们还发现，合法性塑造了公民在帮助社区方面的参与（例如，自愿帮助警察、与他人一起在街上巡逻以及参加社区警察关于犯罪的会议），但合法性并没有影响调查对象帮助社区的意愿。由此得出的结论是，相对于传统的合作模式（例如，报警报案），合法性对社区警务形式的公民参与度的预测性较低。③ 这与学者斯括根的研究结论一致，他发现，居住在高犯罪区的居民是警察巡逻会议、邻里项目和更积极的社区治安活动（如反犯罪游行、祈祷守夜和家长巡逻）的最积极参与者。④

现代警务要求警察与公众合作，公众是否支持警察，一定程度上取决于他们在接触中对警察的评价。例如，有研究发现，与警察直接和间接接触的经历都会影响公民对警察的态度以及他们在接触期间的互动。⑤ 社区警务理念的本质是通过各种策略，如徒步巡逻、社区会议和上门访问，改善警察与社区的关系，增加警察与社区之间的互动。⑥ 这是一种理想的状态，或者说是想要实现的目标。但有一个问题被忽视了，那就是警察是否愿意花更多的时间与居民进行面对面的接触和互动。可以肯定的是，增加警察和居民接触的时间和质量对改善警民关系非常重要。

---

① Tyler, T. 2006. Why People Obey the Law, Princeton and Oxford: Princeton University Press, pp. 26.

② Tyler, T. R. (2003). 'Procedural Justice, Legitimacy, and the Effective Rule of Law.' Crime and Justice 30: 283 – 357.

③ Tyler, T., and Fagan, J. 2006. Legitimacy and Cooperation: Why do People Help the Police Fight Crime in their Communities? (Paperno. 06 – 99). NewYork: Public Law and Legal Theory Working Paper Group.

④ Skogan, W. 2006. Police and Community: A Tale of Three Cities, Oxford and New York: Oxford University Press.

⑤ Rosenbaum, D. P., Schuck, A. M., Costello, S. K., Hawkins, D. F., and Ring, M. K. (2005). 'Attitudes toward the Police: The Effects of Direct and Vicarious Experience.' Police Quarterly 8 (3): 343 – 36.

⑥ Hinds, L. (2009). 'Public Satisfaction with Police: The Influence of General Attitudes and Police – Citizen Encounters.' International Journal of Police Science and Management 11 (1): 54 – 66.

但就像警察作出的所有其他决定一样，警察是否愿意花费更多的时间和居民接触，则没有一个硬性标准，而是取决于警察的"自由裁量权"。这样就引发了警察"自由裁量权"的公正性问题。

自由裁量权是一个重要的程序，它使警察灵活地开展工作，保障公共安全。警察自由裁量权牵涉许多因素，比如，优先考虑的事情、证据的获得、情况的严重性。选择性执法就是决定去执行哪一些法规。警察的力量是有限的，因此必须确定首先要做的事。社区警务理念对警察自由裁量权的问题有不同的意见。与传统警务工作相比，社区警务强调警力分散下沉、减少机构重叠、解除一线警察顾虑，使他们在解决社区出现的问题时既快又有创造性。自由裁量权是警务工作中不可缺少的部分，它给警察应对各种情况提供了灵活性。有学者提到，社区警察要比传统警察机关里的警察有更大的权力。①

之前关于社区警务理念的研究普遍发现，社区警务在那些并不太需要的地方反而执行得更好。例如，学者罗森鲍姆评论说，最需要社区警务的更贫穷和处境更不利的社区，似乎从中受益最少。② 也有其他学者的研究结果证实了这个结论：警察往往花更少的时间与下层公民互动，分配到"弱势"社区的警察可能承担更高的工作量，因此无法在每次与公民的接触中花费太多时间。"弱势"社区的居民更有可能受到警察的不尊重和胁迫，更不可能得到警察的援助和支持。③ 如此一来，这种警民"接触"方式，就已经脱离了程序公正的内涵，从而违背了社区警务要求警民合作、互相信任的基本理念。

三、荷兰的实践：邻里协调员

社区警务仍然是西方国家目前警务改革的主导模式，在荷兰也是如此。在荷兰，社区警务首先是通过引入社区警察来实施的，随后是警察

---

① ［美］普尔普拉著，杨新华译：《警察与社区——概念和实例》，中国人公安大学出版社，第78页。

② Rosenbaum, D. (1988). 'Community Crime Prevention: A Review and Synthesis of the Literature.' Justice Quarterly 5 (3): 323–39.

③ Mengyan Dai& Xiaochen Hu, Exploring the Duration of Police-Citizen Encounters, Policing, Volume 0, Number 0, pp. 1–15 doi: 10.1093/police/paaa006.

巡逻队，然后是地方警察。1977 年开创性的报告《维朗德林的政治》（Politie in Verandering）是荷兰警务改革的里程碑，因为它呼吁警察深入社会。虽然荷兰警方早在 20 世纪 70 年代就强调警察需要深入群众，靠近公民——尤其是在实施社区警务改革之后。但荷兰警方的实际做法是远离公民，公民和警察之间协作关系与社区警务战略的基本原则相背离。因此，荷兰社区警务的"灵魂"被解释为警察和公民之间"紧密而宽松"的关系。[①] 如果把公民与警察之间关系的期望值降低到一个更现实的水平，或许施行社区警务模式才是合适的。这个水平的社区警务模式对公民参与度要求不高，并且对社区警官参与数量也要求不多，但要求沟通渠道的畅通。这种社区警务的模式或许更适应警务改革的要求，因为警官和公民之间的高质量沟通增进了他们的合作互信。

在荷兰最大的城市阿姆斯特丹，市警察局采用了一种特殊社区警务模式——"邻里协调"（neighbourhood coordination）试图解决警察与公民沟通不畅的现实困境。2000 年，阿姆斯特丹警察局正式引入了邻里协调员的职位。[②] 邻里协调员是一名地方警察，这一职位的特点是，级别相对较高，有大量额外的培训计划，将被分配到社区并承担相当大的责任。邻里协调员将参与该市 236 个街区之一的治安管理。每一位社区协调员都属于警察支队，直接向警察支队长报告，阿姆斯特丹一共有 32 个警察支队。警察支队相对比较灵活，可以根据辖区内的实际治安情况调整邻里协调员的人数。[③]

经过十年的"邻里协调"实践，2010 年，受到北美地区"第三方警务"的启示，阿姆斯特丹警察局在社区警务中引入两项新的试点项目"邻里团队"和"学校团队"，联合市政府、私人企业主和其他机构力

① Cachet, L. and Marks, P. (2009). 'Police Reform in the Netherlands: A Dance Between National Steering and Local Performing.' German Policy Studies 5 (2): 91–115.

② Das, D., Huberts, L. and Van Steden, R. (2007). 'The Changing "soul" of Dutch Policing: Responses to New Security Demands and the Relationship with Dutch Tradition.' Policing: An International Journal of Police Strategies & Management 30 (3): 518–532.

③ Barbara vanCaem&Ronald van Steden. (2013). Community Policing 'Light': On Proximity and Distance in the Relationship between Neighbourhood Coordinators and Citizens. Policing, Volume 7, Number 3, pp. 263 – 272. https://academic.oup.com/policing/article/7/3/263/1523758 on 27 April 2021.

量，对社区最突出问题采取更为集中的治理。当代警察工作的中心之一是与公众个人、团体和社会组织建构起合作伙伴关系，努力实现监管、控制和预防犯罪的目的。市政机构、私人企业主、学校、社区组织等等，都可以成为帮助警察履行其控制和预防犯罪职能的"第三方"。在问题导向的警务背景下，要么是第三方自愿参与，要么是警方说服或强迫第三方的方式，经过特别设计的警务策略解决治安问题。

邻里协调与荷兰式的地区性社区警务的组成要素相似，除了包括邻近性、预防性和主动性战略，还包括及时反应性、合作性（与其他组织的合作）和动员公民的特征。阿姆斯特丹的邻里协调员主要在人口密集的城市社区规范警方和公民的合作。按照最初的设想，邻里协调员应该是拉近人与人之间距离（警察与公民之间距离）以及平衡这种距离的关键——无论是在邻里协调员自己的职能范围内，还是在与警察组织其他成员的行动关系中。

为了明确邻里协调是否能够深入群众并加强公民与警察之间的联系，邻里协调是否可以让警察更深入群众靠近公民，荷兰学者对阿姆斯特丹警察局的邻里协调社区警务开展了实证研究。2009 年 8 月至 2010 年 12 月期间，研究人员在阿姆斯特丹的七个警察局管辖区内，对邻里协调员、活跃的公民和其他关键的警方联系人如当地的管理员、商品店主和青年工人进行了访谈和会议观察。这几个警务管辖辖区（包括种族多元化社区）中，警察机关都在与各式各样的社会问题做斗争，如寻求刺激的年轻人、与毒品有关的犯罪、持久的贫困和健康恶化。因此，邻里协调员的设置被阿姆斯特丹警方竞争愿望，在改善警方与公民之间的联系方面发挥着重要作用。[①]

公民参与警察工作是社区警务的一个重要特征。社区警务传统上强调积极的警察与公民互动的重要性，认为这种互动（参与和接触）可以改善警察与社区的关系，甚至促使公民帮助警察。社区警务倡导者坚持

---

① Barbara van Caem&Ronald van Steden. (2013). Community Policing 'Light': On Proximity and Distance in the Relationship between Neighbourhood Coordinators and Citizens. Policing, Volume 7, Number 3, 263 – 272. https://academic. oup. com/policing/article/7/3/263/1523758 on 27 April 2021.

认为，警察应该提高与公众积极互动的频率，而不是把所有的时间都花在回应求救电话和巡逻上。与公众的积极接触可以产生几个有益的结果，例如增加居民对警察的信任和信心，提醒警察大多数公民支持他们，并使警察更熟悉当地社区。社区警务需要解决社区存在的治安问题，前提是警察需要鉴别、分析社区存在的问题，然后提出应对措施并付诸实施。因此，社区警察需要通过社区了解社区的实际情况。① 阿姆斯特丹警方设立邻里协调员，就是为了与社区居民建立更紧密的联系，通过居民进一步了解社区的犯罪问题和安全问题，同时还可以拉近警察与居民之间的距离，建立信任感。

　　然而，阿姆斯特丹试图通过"邻里协调员"实现社区警务中警民合作的理念并不成功。研究人员发现，理论上，公民和警察都赞同通过实际接触和公民参与相结合的方式来实现警察贴近民众的原则。但在实践中，邻里协调员仍然难以与其社区建立预期的密切联系。这主要是由于一方面，警方很难与当地小商业主建立密切联系，尤其是一些非荷兰裔人，他们几乎没有组织，拒绝投资犯罪预防和安全措施。大多数市民对与警察一起参加晚间会议不感兴趣，并且，一些外国血统的居民因为语言障碍从来不露面。②

　　另一方面，公民和当地专业人员批评各种邻里协调员在社区中的存在感不高，他们认为，与 2010 年改革以前的邻里协调员相比，现在的邻里协调员在建立警方和民众关系方面做得更少，甚至脱离群众。而警察工作被动，总是被当下存在的问题"赶着走"，在维护社区治安方面没有前瞻性地开展工作。社区居民与社区小商业主则认为，警察更多地是在办公室，而非在社区巡逻，也未能及时帮助社区居民。③ 显然，"邻

　　① Grabosky, P. N. (2001). 'Crime Control in the 21th Century.' The Australian and New Zealand Journal of Criminology 34 (3): 221 –234.

　　② Barbara van Caem&Ronald van Steden. (2013). Community Policing 'Light': On Proximity and Distance in the Relationship between Neighbourhood Coordinators and Citizens. Policing, Volume 7, Number 3, pp. 263 – 272. https: //academic. oup. com/policing/article/7/3/263/1523758 on 27 April 2021.

　　③ Downes, D. and Van Swaaningen, R. (2007). 'The Road to Dystopia? Changes in the Penal Climate of the Netherlands.' Crime and Justice 35 (1): 31 –71.

里协调员"作为近 20 年荷兰社区警务改革中的重要创新并没有取得预期效果。为什么会出现这种情况？研究人员分析了如下四个方面的原因。①

首先，从宏观的刑事司法体系背景看，荷兰的社区警务是在一个高度福利国家中发展而来。司法机关和执法机关对犯罪、惩罚和监禁的温和态度，多年来已经受到了持续的质疑和批评。荷兰警务的友好宽容风格同样面临巨大的争议，即使在公开的场合也经常受到抨击。人们认为"宽容"已经走得太远，这种宽容和温和甚至到了纵容犯罪和引发混乱的程度。进入 21 世纪之后，这一问题越发突出，随着一些国家（西班牙、英国、法国等）本土恐怖袭击不断发生，荷兰也遭遇了两起"独狼式"极端主义恐怖袭击，这导致警方的工作重心直接转向反恐、刑事调查和执法。② 因此，21 世纪初的荷兰刑事司法体系已经由传统上的"友好宽容"转向强硬、严厉的刑事惩罚和警察组织集中化，这些都会对邻里协调员和社区居民之间的沟通产生阻碍。③

其次，阿姆斯特丹警察部队作为一个整体，从未完全地把社区警务当作解决犯罪和混乱问题的主要途径。阿姆斯特丹警察局多年来一直警力不足，邻里协调员在寻求巡逻同事（巡警）的帮助时遇到了许多困难。④ 邻里协调制度虽然建立，但是警方内部却没有就该如何组建一个由邻里协调员和活跃公民组成的相关团队有相关指导建议。而且，邻里协调员的职责并未统一和明确，哪些是其必须履行的职责，哪些是其可以承担的职责，他们应该做什么，其工作应该有何种效率⋯⋯对类似问

① Barbara van Caem&Ronald van Steden. (2013). Community Policing 'Light'：On Proximity and Distance in the Relationship between Neighbourhood Coordinators and Citizens. Policing, Volume 7, Number 3, pp. 263 – 272. https：//academic. oup. com/policing/article/7/3/263/1523758 on 27 April 2021.

② Murray, J. (2005). 'Policing Terrorism：A Threat to Community Policing or a Shift in Priorities?' Police, Practice and Research：An International Journal 6 (4)：347 – 361.

③ Punch, M. , Hoogenboom, B. and Williamson, T. (2005). 'Paradigm Lost：The Dutch Dilemma.' The Australian and New Zealand Journal of Criminology 38 (2)：268 – 281.

④ Skogan, W. G. (2005). 'Community Policing：Common Impediments to Success.' In Fridell, L. and Wycoff, M. A. (eds), Community Policing：The Past, Present and Future. Washington, D. C：The Annie E. Casey Foundation and the Police Executive Research Forum, pp. 159 – 167.

题都缺乏一致意见。

因此，最后的结果是，用以加强和社区建立良好关系的邻里协调员，被不断赋予越来越多的额外任务，如开罚单。警察必须满足罚单配额，罚款是其工作的一部分，这些配额任务也分配给邻里协调员。显然，这样的执法工作会阻碍邻里协调员与社区的良好接触。鉴于邻里协调员在社区中扮演的社会角色，这项工作任务的执行可能相当困难。尽管如此，警方依旧要求这些邻里协调员完成这些配额任务，承担警察的责任。维护公共秩序、履行行政执法职责、实施紧急救援，这些超出社区警务范畴的警察工作使邻里协调员精疲力竭。

再次，目前的社区警务强调邻里协调员从社区居民那里获取有关当地犯罪和扰乱社区治安问题的信息。然而，居民也想从邻里协调员和警方那里获得信息。但实际上，碍于警察机构的封闭性，居民获得的信息是不对称的，由于在沟通上缺乏这种相互性，居民在与警方合作方面比较消极。邻里协调员对于提高警务透明度至关重要，如果居民对警察组织有更好的了解，他们会更积极地合作。[①] 有的邻里协调员忙于解决生活质量问题，在居民给他们打电话留言后，他们会乐于参与其中，也会帮助居民采取措施。由于居民的非专业性，警方领导人并不直接让居民参与。虽然居民愿意与警方对话，但却很难做到积极而持久的参与。

最后，荷兰社区警务贯彻以问题为导向的基本策略，警方设立邻里协调员试图构建社区邻里网络，而不是鼓励居民参与社区警务。研究人员发现，这种以问题为导向的警务工作也有明显缺陷，邻里网络的灵活随意性和过度官僚理性的繁文缛节之间产生了文化冲突。警察内部的科层结构与邻里协调员遇到的横向网络"关系"不佳，使得邻里协调成为一个相当"异想天开"的概念。

四、荷兰警察体制改革对社区警务的影响

邻里协调员面临着来自公民、警方领导、同事和专业伙伴的各种不

---

① Terpstra, J. (2010). Community Policing: Ambitions and Realization. Policing: A Journal of Policy and Practice 4 (1): 64–72.

同寻常的要求。无论是眼前还是将来，邻里协调员都需要处理许多临时的棘手问题，很多情况下都需要立即采取措施。并且各种临时任务的不断干扰使得邻里协调员难以实施更彻底、有益的政策。① 因为警方基层设施薄弱、警察领导人持怀疑态度，以及缺乏机构间合作，利益相关者期望进行相互竞争，因此警方坚持社区警务的最初原则被证明是有问题的。此外，公民充分参与社区警务战略被证明是难以实现的。

也就是说，少数邻里协调员确实在他们所管辖的社区实现了公民参与。但是工作的施行通常需要与一群特定的活跃公民进行小规模合作，由于不能动员社区所有人，只能循序渐进地与公民构建联系。在很多情况下，公民都希望能够了解邻里协调员的工作内容，以及他们是如何进行工作的。② 在这种信任感慢慢培养之后，关系才能顺利构建，工作才能顺利开展。

尽管实现最理想的社区警务是不切实际的，但一个更温和的形式是有可能实现的。警方对公民的长期承诺保持怀疑，因为当居民和当地商业者，如店主，有时只参与解决犯罪和安全问题，并与邻里协调员合作寻找可能的解决办法。事实上，警察更加注重"人"和"场所"，会采用不同的方法来改善以问题为导向的警务策略，加强与社区的紧密联系。③

就警察接近社区居民而言，邻里协调员放低门槛、对所有合作伙伴保持开放的沟通渠道以及"体面"地对待居民是至关重要的。④ 公民的判断主要不是受警察干预结果的影响，而是受他们认为邻里协调员对他们的尊重、仔细倾听、尽一切可能帮助解决他们的问题并诚实地通知他们等因素的影响。大多数公民对警察没有不切实际的期望，但公民更希望警察工作具有一定程度的透明度和认可度。

---

① Innes, M. (2004). 'Reinventing Tradition? Reassurance, Neighbourhood Security and Policing.' Criminal Justice 4 (2): 151 – 171.

② Innes, M. (2006). 'Introducing Reassurance and the "New" Community Policing.' Policing & Society 16 (2): 95 – 98.

③ Innes, M. (2010). 'A "Mirror" and a "Motor": Researching and Reforming Policing in an Age of Austerity.' Policing: A Journal of Policy and Practice 4 (2): 127 – 134.

④ Jackson, J., Bradford, B., Hohl, K. and Farrall, S. (2009). 'Does the Fear of Crime Erode Public Confidence in Policing?' Policing: A Journal of Policy and Practice 3 (1): 100 – 111.

公民希望能从邻里协调员处获知工作成果、成果是否低于预期，以及及时了解警察工作的合法性和正当性。如果居民与警察之间曾经出现不好的经历，则会影响人们对警察服务质量的判断。无论邻里协调员如何努力巩固他们与社区的关系，警察一个错误的行为可能会毁掉其曾经做过的优秀工作。因此，警方应让社区居民以更结构化的方式更好地了解社区警务战略的成功和失败，才符合警方自身的利益。① 这种建立在邻里协调上的社区警务，可以更深入社区，可以培养公民对警方的信任感，增强警民互信。只有容易靠近的邻里协调员才能赢得公民的信任，没有他们，警察就无法有效运作。

由于警方和公民之间的距离日益扩大，许多西方国家寻求建立持续的社区警务改革方案，从而提高警察和公众之间的互动质量。阿姆斯特丹警方在实现警察与公民的密切接触方面只取得了很小的进展。然而，随着荷兰国家警察机构的建立，荷兰的社区警务也受到很大影响，邻里协调员方案也没有机会得到进一步的补充和完善。

21 世纪头十多年，西方许多国家开始进行警察体制改革，荷兰也不例外。2013 年荷兰根据新的《2012 年警察法》建立了国家警察部队。国家警察的引入从根本上打破了荷兰长期以来以权力下放为主的分散式警察组织的传统。②

国家警察的引入不仅意味着荷兰警察部队的管理和控制高度集中，而且非常强调警察组织、程序和工作流程的标准化。但与其他国家不同的是，荷兰的警务改革对地方治安也抱有很高的期望。改革的目标是：新警察部门的核心应该是在地方一级，不仅应该促进面向社区的警务方式，而且也应该更多地以信息为导向，以问题为导向。③ 可见，荷兰国

---

① Das, D, Huberts, L. and Van Steden, R. (2007). "The Changing 'soul' of Dutch Policing: Responses to New Security Demands and the Relationship with Dutch Tradition." Policing: An International Journal of Police Strategies & Management 30 (3): 518 – 532.

② Terpstra, J. (2013). "Towards a National Police in the Netherlands. Backgrounds of a Radical Police Reform". In Fyfe, N. R, Terpstra, J. and Tops, P. (eds.). Centralizing Forces? Comparative Perspectives on Contemporary Police Reform in Northern and Western Europe. The Hague: E-LEVEN: 137 – 155.

③ Terpstra, J. and Schaap, D. (2013). "Police Culture, Stress Conditions and Working Styles". European Journal of Criminology, 10 (1): 59 – 73.

家警察的发展规划有点矛盾，既有中央化/标准化，又有强烈的地方导向，这就提出了一个问题，即在国家警察成立后，对荷兰地方警务会有什么影响。

自国家警察成立以来，地方警察队伍中的许多关系变得更加正式。除了团队成员之间的距离因规模扩大而增加社区，如警察局长与基层警察的距离增大，通信技术在警务中的主导地位也加大了这种距离感。过去一些社区中的治安隐患，比如青少年扰乱公共秩序等，居民们希望有巡逻人员注意到。而现在，更多使用电脑规范化流程来处理邻里警务，邻里协调员收集问题，并决定是否将任务交给巡逻员。如果工作完成了，必须使用相同的计算机程序给出反馈。根据许多社区警察的说法，这种正式的系统通常不能正常工作。例如，一项任务可能会丢失、延迟或不按照社区警察的要求执行，因为巡逻警察并不清楚这项任务的前因后果。[①]

随着国家警察的引入，荷兰地方警察的工作越来越依赖更高组织级别的决策。因此，实现警察工作因地制宜变得更加困难。虽然警察部队改组对社区警察（邻里协调员）的影响因地而异，但总体来讲，这些社区警察现在处于更加孤立的地位。[②]

一方面，以前专职处理社区警务的社区警察现在增加了巡逻任务，而且巡逻成为其主导任务，这导致社区警察只能将有限的精力和时间放到社区警务上。另一方面，随着向国家警察的过渡，大量地方警察局（特别是农村地区的警察局）被关闭，在农村市政办公室设立警察服务点，通常只有社区警察在这些服务点工作，服务点的位置往往远离他们所属的警察局，这极大地降低了工作效率。[③] 在警察体制改革的背景下，要实现社区警务中警方与公民的合作与互动可能越来越不现实了。

---

① Terpstra, J. and Fyfe, N. R. (2015). "Mind the Implementation Gap? Police Reform and Local Policing in the Netherlands and Scotland". Criminology and Criminal Justice, 15 (5): 527 – 544.

② Terpstra, J, Fyfe, N. R. and Salet, R. (2018). "The Abstract Police: unintended consequences of organisational change of the police". The Police Journal. (to be published).

③ Terpstra, J. (2017). 'Story – Telling about Rural Policing. The Social Construction of a Professional Identity.' European Journal of Policing Studies, 4 (4) and 5 (1): 388 – 404.

第九章

社区警务与校园安全
——北美的经验

近年来，北美地区尤其是美国的校园枪击案频繁发生，其中大部分发生在中小学。2022 年 5 月，美国得克萨斯州尤瓦尔迪市罗布小学，犯罪嫌疑人萨尔瓦多·拉莫斯进入学校，向多名学生和教师开枪，造成 21 人死亡，包括 19 名学生和 2 名教师。2021 年 11 月，美国密歇根州牛津镇，一名 15 岁学生持枪在其就读的牛津镇中学行凶，导致 4 人丧生、7 人受伤。2021 年 10 月，美国得克萨斯州一所高中发生枪击事件，造成 4 人受伤。2018 年 5 月 18 日，美国得克萨斯州圣菲市，一名 17 岁学生持枪在其就读的圣菲中学行凶，导致 10 人丧生、13 人受伤。2016 年 1 月 22 日，加拿大萨斯喀彻温省拉洛什镇发生校园枪击案，造成 5 人死亡、2 人重伤。

不断出现的枪击案件，使北美地区的校园安全受到越来越多的关注。怎样防范校园暴力和犯罪，再度成为学界探讨的热点话题。校园警官也再次出现在人们的视野中。校园警官可以有效防范校园犯罪吗？除了执法功能，校园警官还有其他作用吗？校园警官与社区警务之间有怎样的关系？

以学校为基础的执法始于 20 世纪 50 年代的美国。20 世纪 90 年代以来，由于青少年犯罪日益增加，又陆续发生了几起备受瞩目的校园枪击事件，美国联邦政府的社区警务服务办公室（COPS）开始加大对校园执法项目的资助，更多的社区开始向学校分配警官。学校是校园警官的"警察局"，校园警官不仅发挥多重作用，而且也要通过与学生、教职工建立信任关系积极促进校园安全。随着北美警方开始强调社区警务，校园警官项目迅速激增。现在，校园警官在北美的学校中几乎无处不在。

尽管建立良好的警民关系（与学校成员之间的关系，包括学生、教师和工作人员）对校园警官实现社区警务信念的至关重要，但实践中，这种关系的积极培养存在许多挑战。有研究表明，支持社区警务信念的校园警官在教学和咨询责任上花费了更多的时间。[①] 校园警官大部分时

---

① Andresen, M. A. and Lau, K. C. Y. (2014). 'An Evaluation of Police Foot Patrol in Lower Lonsdale, British Columbia.' Police Practice and Research 15 (6): 476 –489.

间都在从事日常的巡逻工作；然而，循规蹈矩的活动（监控或巡逻）可能通过与学生的积极互动，例如以普通对话、说服和非正式咨询的形式来完成。[①] 通过这种方式来帮助学生、教师和工作人员，更容易建立和谐的关系来实现社区治理。

一、校园警官的产生与发展

校园警官的雏形最早出现在 1894 年的耶鲁大学。为了维护学校的教学和生活秩序，耶鲁大学从地方警察局借用了两名警察协助工作，主要职责包括保护高校财产，发现火情危害，检查锅炉，对设备进行检查和维修等。他们并没有受过正式的执法培训，也没有做一名正式警察的能力，但是他们开启了警务介入校园安全治理的最初模式。到了 20 世纪 30 年代中后期，学校雇用警察的职责有了细微的变化，逐渐增加了更多的责任，包括要维护一些校园规则与法规。到 20 世纪 50 年代，随着学校招生人数的迅速扩张，各种管理困境也不断涌现，学校开始雇用市政警察退休人员作为"校园安全董事"，并成立了校园"安全官员"以及校园"安全部门"。这些人员以"校园安全董事"之名行"校园警官"之实。这种做法既可缓和市政警察对学校管理权的干涉，又可以较小的成本雇用具有丰富实务经验的警察发挥保护学校安全的作用，可谓一举两得。[②] 截至这个时期，校园警官并未真正出现，历史上这些"借用"或"雇佣"的所谓的"校园警官"更贴近于校园保安，即维护学校安全，不具有正式警察的身份。

严格意义上的校园警官，本书又称为校园警官（school resource officers，简称 SROs，直译为学校资源警官，又称"驻校警察"）最早产生于 1953 年美国密歇根州的弗林特。直到 1968 年，这一做法才被公众广泛关注。校园警官不同于大学警察（University Police），虽然都是专职警察，但前者却仅设立在中小学，且采取一种典型的社区警务形式。当时的加利福尼亚警察局认为设立校园警官是一个"重塑警察形象"的良好

---

① Braun, V. and Clarke, V. (2006). 'Using Thematic Analysis in Psychology.' Qualitative Research in Psychology 3 (2): 77 – 101.

② 方芳："美国校园安全治理模式述评"，《上海教育科研》，2014，(10)：41 – 44。

契机，因此，最早的驻校警察身着便衣，在中小学校与学生建立良好的关系。为了提升驻校警察的职业素质及职业道德，美国于 1996 年成立了全国驻校警察协会（National Association of School Resource Officer），各州都有协会分支机构，以便为驻校警察提供更好的服务及培训。[1] 这一时期，校园警官在北美迅速普及开来。

20 世纪 90 年代开始，北美地区（尤其是美国）校园暴力事件频繁发生。1999 年 4 月 20 日，美国科罗拉多州杰弗逊郡科伦拜中学的两名学生埃里克·哈里斯（Eric Harris）和迪伦·克莱伯德（Dylan Klebold）在自己所在的学校对人群射击，造成 13 人死亡，24 人受伤。2005 年 3 月 21 日，明尼苏达州雷德莱克县，一名 16 岁学生在家枪杀祖父及祖父的女友后，驾车到就读的雷德莱克中学，枪杀 5 名学生、1 名教师和 1 名保安，打伤 7 人，随后在与警方对峙时开枪自尽。这些骇人听闻的校园枪击案，促使当局不断改革校园警官制度，20 世纪 90 年代中期以后，校园警官在北美学校中随处可见。[2]

北美的校园警官（以下简称"校警"）有三重角色。

第一，执法者。如果在校园环境里或周边发生了违法犯罪案件，校警就要行使警察的职责权限，对违法行为加以制止，包括警告、逮捕等。作为专业的执法人员，校警可以对校园里的犯罪行为进行高效的调查，并寻求恰当的解决方案。例如，听到传言说有学生把枪带进学校，校警就会利用他的专业技能，调查识别学生的可疑行为，与可能知情的学生和员工沟通并查看学生的档案记录。除了执法活动，校警还要开展与保护校园安全相关的一些外围工作，例如，每天早上把从学生家长、周围社区居民和媒体上获知的有关校园安全的信息与所在学校校长沟通；与学校或社区的社工会面，了解分析为什么家庭问题会诱发学生在校的违法违纪行为，并与校方合作；倾听遭遇霸凌学生的问题，并与校方管理人员共同解决问题；协调警力资源，对所在学校举办的大型活动如运动会、各种比赛等提供安全保障等。

---

① 罗赞："美国的校园警官"，《现代世界警察》，2019 年第 6 期，第 28 – 34 页。

② Addington, L. A. (2009). 'Cops and Cameras: Public School Security as a Policy Response to Columbine.' American Behavioral Scientist 52 (10): 1426 – 1446.

第二，教育者。为学生讲解某些知识、举办各类讲座，内容可以是有关宪法和法律、司法体制的结构和运作过程；也可以是有关毒品的危害、家庭暴力和预防性侵等。例如：在生物课上讲解一些与犯罪现场调查相关的知识；举行反枪支、反暴力讲座，提高学生反家庭暴力、反霸凌意识；开展"做正确的事情"项目等。

第三，兼职的咨询者或导师。帮助学生开展研究项目和就业咨询，为对执法领域有关课题感兴趣的学生提供专业的咨询。校园警官是学校师生员工解决复杂问题的又一途径。他们虽然不是职业的咨询人员，但事实上，他们经常与处于危机中的各色人等打交道，具有丰富的处置危机的经验，因此可以为驻校社工或咨询师提供帮助，或直接帮助学生解决问题。例如，为遭受校园暴力的受害者及其同学开展干预项目，以治疗其心理创伤。[①]

二、校园警官与社区警务和犯罪预防

校园警官源于社区警务，最早产生于美国——社区警务早期的发源地。社区警务通过重塑警民关系，解决辖区内各式各样的违法犯罪问题，如毒品、团伙犯罪和涂鸦、青少年犯罪（枪支暴力、扰乱公共秩序、未成年人饮酒、学校暴力和欺凌）等等。最初，校园警官的设置就是为了减少和预防社区（辖区）内学校的校园暴力和欺凌（School Violence and Bullying）。自 20 世纪 70 年代以来，校园警官的作用从导师转变为犯罪预防和执法人员。在 20 世纪 80~90 年代，校园警官机构开展了一系列犯罪预防项目，如"抵制毒品教育""抵御帮派侵害的训练"等。

社区警务理论认为，警察和社区不是只对影响犯罪的肤浅因素进行治理，而是需要改善犯罪预防工作。例如，改变建筑物的设计方式，不足以改变犯罪水平，环境设计方式的改变也不能阻止一个真正有动机的罪犯，而且改变自然环境也不能确保居民的积极参与并付诸行动，所以社区警务需要直接付出行动来提高市民参与犯罪预防的积极性。

---

① 罗赞："美国的校园警官"，《现代世界警察》，2019 年第 6 期，第 28–34 页。

　　社区警务的核心任务是预防犯罪，校园警官的核心任务也是维护学校安全，预防校园内的各类犯罪和暴力活动。因此，校园警官与社区警务在如下几个方面相互联系，且具有共同点：第一，两者都是为了解决社区的"健康"问题，校园警官则是解决社区内学校的"健康"问题，两者都认为许多相互关联的因素导致犯罪的发生。第二，两者都试图找出潜在的犯罪原因和问题，都认为有必要实施短期的和反应性的预防措施，如警察巡逻。校园警官则在校园中巡逻，这是其行使执法职能的基本形式。但是，要使犯罪发生率大幅度下降，只有这些措施是不够的，针对犯罪问题的本质来解决社区存在的问题是两者共同采取的策略。第三，两者都解决自然环境和社会存在的问题，例如无所事事的青少年很可能成为所在社区的盗贼，也可能在校园里对其他学生实施暴力、恐吓或枪击。校园警官和社区警务所采取的方法都是在最大范围内寻找问题产生的原因及对策。第四，两者都要求社区居民的积极参与，主要任务是通过帮助居民获得正确的知识，培养合作的意识，采取有效的行动。当然，校园警官则需要学校管理者的参与、信任和合作。第五，两者除了需要法律执行部门的合作外，也需要其他机构的合作，工作起来才有效率，比如社区中心、公民组织、宗教组织、社区服务机构等。然而，校园警官和社区警务存在一个形式上的区别，即社区警务是一种理念，而校园警官则是一种具体的方案，尽管两者都是处理问题的一种方式。

　　越来越多的学者开始关注和研究校园警官对学校安全的影响。总体上看，学者们的结论是积极的，即校园警官的存在提高了校园安全状态，改变了学校内青少年对警察的看法。校园警官的存在，减少了重罪如儿童性暴力犯罪的发生，并且也减少了校园严重暴力犯罪的发生。[1]但同时，研究人员也发现，校园警官对性质较轻的校园暴力过于忽视，更多的学生因触犯轻罪被逮捕。少数族裔学生被逮捕的比例要高于其他学生。最近的研究表明，校园警官并没有扩大向刑事司法系统转移（即

―――――――――――

[1]　Andresen, M. A. and Lau, K. C. Y. (2014). 'An Evaluation of Police Foot Patrol in Lower Lonsdale, British Columbia.' Police Practice and Research 15 (6): 476–489.

逮捕、起诉）学生的人数。相较而言，巡警逮捕的学生人数要多得多。①

上述研究是从传统警务（逮捕、起诉）的角度衡量了校园警官的作用。然而，众所周知，校园警官不仅仅是执法者，尽管执法是他们的首要责任。校园警官通常在一种"三位一体"的模式下运作，在这种模式下，校园警官还充当教师和顾问的角色。因此，校园警官的职责与社区警务模式相一致。但是在实践中，社区警务对校园警官的工作机制的影响在很大程度上被忽略了。

越来越多的学者开始关注一个问题，在校园警官的职责中融入社区警务的核心理念对预防违法犯罪是否有效？在一个治理校园欺凌的案例中，答案是肯定的。和学校暴力问题一样，校园欺凌也是一个长期存在的问题，并且发生数量一直没有下降过。② 学者们发现，有四个方面的因素在影响校园欺凌的发生率：学校的环境设计、老师关于这些问题的知识和应对策略，家长的态度和应对策略，学生的看法和具体行为。相对应的校园警官策略则包括：校园警官和其他利益相关者密切配合，组建一个小组；学校制定关于校园欺凌行为的新政策；在学校中的潜在危险地区建立一个新的小组。环境改变包括调整学校上课铃声的次数，加强教师对潜在危险地区的巡视，职业顾问对教师进行有关校园欺凌预防的指导；通过邮件或其他方式向家长传达校园欺凌行为的信息，让他们了解学校在这方面的新政策。最后进行学生教育，如校园警官组织学生进行课题讨论或集中教育。美国俄亥俄州欧几里得一所学校在实施上述策略后，校园道路上的欺凌行为减少了60%，体育馆附近的欺凌行为减少了80%。③

三、校园警官与社区学校的信任构建——以加拿大为例

校园警官并不仅仅是执法者，还是社区警务工作者。其最突出的角

---

① Broll, R. and Lafferty, R. (2018). 'Guardians of the Hallways? School Resource Officers and Bullying.' Safer Communities 17 (4): 202 – 212.

② ［美］皮克著，刘宏斌等译：《社区警务战略与实践》，中国人民公安大学出版社，2011 年版，第 284 – 285 页。

③ Broll, R. and Lafferty, R. (2018). 'Guardians of the Hallways? School Resource Officers and Bullying.' Safer Communities 17 (4): 202 – 212.

色是执法者，其目的是促进学校员工和学生的安全。执法者的角色包括一系列活动，比如逮捕、调查、撰写报告以及在学校巡逻。教育和咨询两项职能属于校园警官的非执法性职能，这与（面向社区）的社区警务框架中的目标和动机保持一致。近几十年来警务理念和策略发生了根本转变，从专业警务时代转向社区警务时代，警务方式更侧重于修复与社区的关系，积极与社区建立伙伴关系、犯罪情景预防等。

社区警务强调以"客户为中心"，旨在"响应"当地社区的需求，其具有的协作性和主动性强于传统的被动警务模式。在社区警务中，人与人面对面的互动比使用巡逻车更受欢迎，执法只是社区警察的一项职能，社区警察往往是在制止犯罪的非正式过程中与社区居民建立良好关系，所以社区警务强调并鼓励警察树立和发展合作思维。① 如前所述，最初，校园警官即产生于社区警务理念。从社区警务的角度来看，培养与社区学校成员的积极关系，对于校园警官的成功至关重要。然而，这些关系的建立已被证明是校园警官项目执行中最困难的因素之一。②

学者莱恩等人在加拿大安大略省对中小学的校园警官运行情况做了一个专门调研。③ 研究结果显示，92.3%的小学校长和88.9%的高中校长表示：校园警官和学校管理人员之间的关系总体上是积极的，管理人员与校园警官的关系"良好"或"极好"。校长们认为校园警官往往反应迅速，并且愿意配合他们采取任何行动，平常会与学生交流，在社区中非常活跃。当然，也有一些校长反馈，校园警官和学校管理人员偶尔会发生一些冲突事件。他们认为，冲突可能是由警察部门和学校之间的公共关系引起的，而不是由校园警官或学校管理人员的个人失误引起的。与学校管理者不同，受访的校园警官认为他们与学校社区成员的关系都是积极的。校园警官大多认为与学校管理人员建立了友好合作关

---

① Beger, R. R. (2002). 'Expansion of Police Power in Public Schools and the Vanishing Rights of Students.' Social Justice 29 (1/2 (87 – 88)：119 – 130.

② Coon, J. K. and Travis, L. F. (2012). 'The Role of Police in Public Schools：A Comparison of Principal and Police Reports of Activities in Schools. Police Practice and Research 13 (1)：15 – 30.

③ 加拿大校园警官相关内容引自 Broll, R. and Lafferty, R. (2018). 'Guardians of the Hallways? School Resource Officers and Bullying.' Safer Communities 17 (4)：202 – 212.

系。建立关系是社区警务的核心，大多数调查参与者和受访者报告说，校园警官和学校工作人员之间存在积极的关系。

同社区警务的合作理念一致，校园警官与学校社区成员——尤其是学生建立关系所花费的时间对于社会执法责任的承担意义重大。[①] 在这样的模式下，校园警官刻意使用年轻人熟悉的方式培养与学生之间的关系。警官们在社交媒体平台如 Facebook 和 Twitter 上创建专门账号，他们鼓励学生在这些平台上与他们互动。警官们利用这些平台发布自己的联系方式，与学生互动交流。

尽管校园警官描述了与学生的积极关系，但一些学校管理人员却给出了相反的说法。校方认为，校园警官的责任之一是与学生建立关系，然而校园警官在这方面并不尽责。校园警官不会花很多时间和学生交谈，除非校方要求他们这样做。而校方则更希望校园警官能在校园里随处可见，积极与学生建立联系。学校管理人员认为只有少数的校园警官在积极地参与其中，大部分人只会躲在办公室中处理文书工作，并非真正与学生交流。

校园警官认为，他们与学生建立的亲密关系意味着警方有机会了解某些隐藏的事件。比如，某个女高中生向校方透露自己被性侵，但不想报警，但她却愿与校园警官谈话。高中校园警官从谈话中发现了一个从未通过警方确认身份的受害者，因为她从未报案，而且警方因此抓获了嫌疑人。若非如此，嫌疑人永远不会出现在警方的视野内。校园警官强调，基于学生与他们之间建立了信任关系，才得以侦破此类案件。

此外，校园警官经常能够识别青年犯罪嫌疑人，或者在学生支持下识别犯罪嫌疑人。校园警官还与街头帮派小组合作，因为街头帮派小组中有在校的学生，可以通过这一渠道与学生沟通交流。校园警官认为，只有诚心与学生沟通交流，培养出信任感，他们才会将在校内发生的严重事件吐露出来。虽然并非所有的校园警官都被认为是有价值，但警官利用他们与学生的关系来推进其他警务目标，得到积极主动的反应。毕

---

① Crawford, C. and Burns, R. (2015). 'Preventing School Violence: Assessing Armed Guardians, School Policy, and Context.' Policing: An International Journal 38 (4): 631–647.

竟，校园警官的目标不是对学生进行刑事指控，而是干预他们的违法行为，帮助他们改邪归正。

与高中校园警官不同，小学校园警官优先考虑教学。小学校园警官的教学侧重于与未成年人建立融洽的关系。学生可以成为校园警官的重要线人，与学生的必要接触是建立信任关系的前提。然而，为了在学年内完成规定的教学要求，校园警官系统通常将多个班级合并成一个大组，这样他们就可以在每个学校只教一堂课。他们承认，这样的教学方式降低了他们与每个学生的接触效果，可能会破坏他们与学生建立信任关系。

校园警官的临时课堂访问是与学生建立信任关系和培养学生对警察积极看法的机会。例如，高中校园警官经常会参与高中法律课程，讨论刑法和警务的职业知识。在课堂上，学生可能会对如何成为一名警察感兴趣，希望得知更多关于警察执法和逮捕方面的知识。

对学校管理人员提供咨询服务是校园警官职责的重要组成部分。校园警官通常会参加学校管理人员负责的有关校园安全（如欺凌和网络欺诈、种族冲突问题、精神健康问题、盗窃、袭击和帮派问题）的会议，并提出一些解决方案供校方考虑和讨论。

小学和中学管理人员报告说，他们与校园警官联系，以寻求法律和法外事务的建议，例如法律纠纷、对学生心理健康的担忧等问题。对校园警官来说，他们被咨询的问题也许与警务内容无关，但也是职责所在。校园警官是警察，所以学校管理人员寻求法律指导是最常见的。与其他形式的社区警务类似，校园警官与学校管理人员分享他们的联系方式，学校管理人员可以随时联系他们。虽然学校管理人员可以拨打警察部门的非紧急电话来寻求建议，但他们更愿意联系他们认识和信任的校园警官。

在过去的 30 年里，校园警官的引入已经成为北美最常见的学校安全策略之一，但关于他们在是否能不同程度减少威胁，研究结果喜忧参半。虽然大多数研究侧重于校园警官作为执法者的有效性，但作为一个基于社区警务理念的实行方案，教学和咨询也是其三重责任的重要部分。尽管理论上强调校园警官三位一体的模式，但实践中更常见的是校园警官优先考虑其执法角色，而不是其他责任。可能因学校类型不同而研究结果有所不同：高中校园警官优先考虑执法任务，而小学校园警官强调教学，只最低限度地参与传统的警察工作。研究发现，高中和小学校园警官在提供咨询方面花费的时间相似，主要是向校长和副校长提供咨询。这一责任的履行是基于校园警官和学校管理人员之间的积极关系。同时，也有一些研究发现，学校与校园警官之间的消极关系是一名校园警官成功的主要障碍。① 校园警官和学生之间如果不能建立融洽的合作关系，校园警官也很难对学生进行有效引导，从而影响其执法任务（从学生那里获取有关违法犯罪的线索）的实施。因此，在社区警务框架下，校园警官应与学校构建良好的协作关系。

总体而言，校园警官与学校之间的关系是积极的，然而，在校园警官与学校管理人员关系不和谐时，校园警官的责任可能更大。建立关系似乎是履行执法者、教师和顾问职责的核心。② 校园警官的教学责任，尤其是与教师建立融洽关系时的临时轻松教学，为参与合作解决问题和与青年建立积极关系提供了独特的机会。高中校园警官认为与学生建立关系有利于情报收集。校园警官花费大量时间和精力为学校管理人员提供咨询。与社区警务的方法一致，校园警官为管理者提供多种联系方式，管理者通常会就法律和法律外事宜寻求校园警官的建议。这种寻求建议的方式提高了学校管理者对其决策的信心，并减轻了警察巡逻队应对学校日常服务需求的负担。随着时间的推移，学校管理者会对校园警官增加依赖感，对学生违法现象采取更多的法律措施。

四、校园警官对学校的信任——以美国为例

在美国，学校被认为是实施社区警务策略的理想环境，校园警官则是理想的实施者。校园警官的工作通常超出传统警务角色（执法者），

---

① Juvonen, J. (2001). School Violence: Prevalence, Fears, and Prevention. IP – 219. Santa Monica, CA: RAND, https://www.rand.org/pubs/issue_papers/IP219/index2.html (accessed 15 September 2017).

② Kim, C. Y., Losen, D. J., and Hewitt, D. T. (2010). The School – to – Prison Pipeline: Structuring Legal Reform. New York: New York University Press.

他们还有非执法职能，可以通过指导、咨询和教育与学生建立联系，以收集"情报"预防犯罪。有些观点认为，好的校园警官不仅可以建立学生与学校的"桥梁"，还可以建立学校与社区的"桥梁"。

一方面，校园警官可以修复学生与老师之间的关系，解决双方的人际冲突，这被认为是校园警官非执法者身份的首要目标。一些校园警官认为学校中的教师和管理人员与学生脱节，而他们可以吸引学生的情感，与学生建立融洽关系，充当学校与学生之间的联系纽带。此外，他们还可以充当临时性的非正式辅导人员了解学生的需求，弥补正式辅导人员与学生之间的疏离。

另一方面，校园警官还可以发现学生所在社区存在的问题。比如，有的学生没有受到足够的家庭照顾，有的学生受到家人虐待，或是无家可归、挨饿受冻，等等。经验丰富的校园警官可以寻找社区存在的持续问题，帮助学生找到解决的方案，弥合学生与社区资源之间的差距，从而避免学生因饥饿或无家可归而走上犯罪道路。

因此，支持校园警官的人认为，校园警官在减少校园暴力、指导学生、支持教师和学校管理人员以及主动保护校园安全免受外部威胁方面是积极有效的。但批评者则认为，校园警官可能将可以由学校管理人员处理的不当行为过度定性为犯罪，从而进一步边缘化已经处于不利地位的青少年，并导致警察和青少年之间的不信任。

在美国，许多教育工作者和管理人员普遍抱怨他们面临的学生的"挑战行为"越来越多，从不服从到一些危险行为。这些行为会干扰学生的学习，破坏教学环境，对学生和教育工作者的安全构成威胁。美国国家教育统计中心（NCES）2014 年的一项调查报告称，41%的公立学校教师声称学生的不当行为干扰了他们的教学，43%的学校报告教师在行为管理方面的水平不够。[①]

教育研究人员长期以来的观点是：无效的教育计划（如未能提供适当的课程教学）和缺乏适当的行为干预相结合可能会加剧学生的不当行

---

① National Center for Educational Statistics. （2014）. Indicators of school crime and safety. Retrieved from http：//nces. ed. gov/ programs/crimeindicators/crimeindicators2014.

为，导致恶性循环，从而为后面的问题埋下伏笔。不当行为的增加，加上缺乏积极行为干预的专业培训，导致许多学校过度依赖日益严厉的干预措施来处理具有挑战性学生的行为，比如停学、隔离、开除等。①

2015 年，媒体曝光了一系列关于校园警官过度使用武力来管理学生不当行为的事件。在肯塔基州肯顿县，一名校园警官将不遵守规定的两名小学生（分别是 8 岁和 9 岁）戴上手铐。在南卡罗来州里奇兰县，一名高中女生因违反校规并拒绝交出手机而遭到校园警官的人身攻击。诸如此类的事件让许多家长质疑，校园警官的执法是真的让孩子们更加安全，还是让他们面临更严重的伤害和刑事起诉风险。

2014 年的数据显示，美国校园警官的工作时间分配比例，其中 48% 的时间用于执法，24% 的时间用于咨询和指导，12% 的时间用于教学，剩下的 16% 的时间用于执行其他职责。美国教育部民权办公室（U. S. Department of Education Office for Civil Rights，OCR）发现，在 2014 学年，超过 260 000 名学生被移交给执法部门，92 000 名学生被捕，70 000 名学生受到身体约束，37 000 学生被隔离。这些受到严厉和侵入性干预影响的学生多是社会经济地位低下的少数族裔。② 因此，批评者指责校园警官将更多学生从学校"输入"监狱。

校园警官将轻微违反校规的行为定为刑事犯罪，通过停学、逮捕隔离、惩罚或从学校开除，这被认为是对 20 世纪 90 年代美国校园频繁出现的枪击案件的回应。1994 年，美国颁布《无枪学校法》（Gun - Free Schools），要求学校将任何携带武器进校的学生开除至少一年时间。在 1999 年哥伦拜恩高中（Columbine High School）枪击案之后，校园武器"零容忍"政策得到扩展，涵盖了范围广泛的学校违规行为。为了确保"零容忍"政策在美国各地的学校得到严格执行，美国联邦和州政府从 1996 年开始增加了对校园警官的资助，从而使拥有全职校园警官（全职

---

① Scheuermann, B., Peterson, R., Ryan, J. B., & Billingsley, G. (2015). Professional and ethical issues related to physical restraint and seclusion in schools. Journal of Disability Policy Studies, 26 (4), 1 – 10.

② U. S. Department of Education. (2015). Compendium of school discipline laws and regulations for the 50 states, District of Columbia and the U. S. territories.

警察，非兼职警察或警务志愿者）的高中数量增加了两倍。[①]

越来越多的校园警官对学生的轻微不当行为进行刑事指控，从而导致更多学生停学、被开除。虽然这些严厉的措施可以创造一个更安全、更健康的学校氛围，但相关统计显示，这些被停学或开除的学生因犯罪被青少年刑事司法系统制裁的概率是普通学生的 3 倍。此外，被停学或开除的青少年往往无人监督，跟不上学校课程，考试成绩低，就业前景渺茫，因此未来犯罪的可能性也增大。[②]

这种情况在那些本身就比较糟糕的学校（少数族裔或贫困人口比较集中的学校）更为常见。例如，黑人学生占到所有与学校有关的逮捕的31%，被停学和开除的人数是白人学生的 3 倍。此外，学校对黑人和拉丁裔学生的惩罚比对其他族裔学生更加频繁和严厉，而黑人学生因轻微不当获得传票的可能性是其他学生的 4 倍。[③]

学者声称这种惩罚"文化"已经成为黑人和拉丁裔青少年日常生活的一部分。对于在学校陷入过度"犯罪"和惩罚循环的青少年来说，惩罚已经成为一种日常仪式，这反过来又导致边缘化青少年将社会理解为一个将他们视为罪犯的环境。[④] 研究者认为，在经济陷入困境时，弱势群体（少数族裔群体）大规模失业、（因犯罪而）监禁，城市公共教育面临财政危机，学生也通过纪律惩罚被等级化。在这样的社会背景下，学校更容易对有色人种的贫困学生实施更严厉的惩罚，因为他们被认为已经走上了刑事司法"轨道"，因此，集中"劣势"学生的学校更有可

---

① U. S. Department of Justice, Office of Community Oriented Policing Services. (2010). Assigning police officers to schools. Retrieved http: //www. popcenter. org/Responses/ pdfs/school_ police. pdf.

② Na, C. , & Gottfredson, D. C. (2011). Police officers in schools: Effects on school crime and the processing of offending behaviors. Justice Quarterly, 30 (4), 1 – 32.

③ American Civil Liberties Union (ACLU) (2015), "What is the school to prison pipeline?", www. aclu. org/what – school – prison – pipeline? redirect1/4racial – justice/what – school – prisonpipeline.

④ Rios, V. M. (2011), Punished: Policing the Lives of Black and Latino Boys, New York University Press, New York, NY.

能采取严厉的管教措施。① 一方面学校对对弱势学生的不当行为过度定性为犯罪；另一方面，学校没有为边缘化青少年提供工作技能培训或协助大学申请，而是利用教育系统来淘汰他们认为不值得接受教育和应被监禁的学生。

有研究显示，分配给"弱势"学校的校园警官执法职能尤为突出，比如安全执法和巡逻、维持学校纪律、与当地警察协调、发现问题并寻求解决方案。同时实施的教育职能比较少，比如对学校教师进行安全培训、指导和教授、培训学生安全知识等。这些发现揭示了这样一个事实：校园警官可能没有为"优势"或"劣势"学校中为学生提供平等的服务。"弱势"学校的校园警官可能需要执行更多的执法职能，以确保来自学校周围高犯罪率社区的犯罪不会蔓延到学校。研究者认为如果校园警官更多执行与教育相关的职能，而不管学校的优劣程度如果，也许校园警官将能够创建更安全的学校，并在学生和警察之间建立信任，也不会成为将学生从学校"输入"到监狱的"管道"。②

随着批评声音越来越大，2015 年，全美校园警官协会（National Association of School Resource Officers，NASRO）通过发布关于校园警官参与学生纪律处分的声明来回应公众的抗议。其在声明中坚称，校园警官不得参与学校管理人员负责的学校正式纪律处分。而且还重申校园警官是兼顾执法、教育和咨询职能的角色，而不涉及学校纪律人员的角色。③

越来越多执法过当的案例暴露出美国校园警官制度存在的问题。首要的，就是法律没有明确规定校园警官的职责权限，尤其是使用武力的权力，比如是否可以使用武力，在何种情形下可以使用武力，这就给校园警官的执法带来很大自由裁量权。其次，除了少数几个州外，大多数

---

① Hirschfield, P. (2008), "Preparing for prison?: the criminalization of school discipline in the USA", Theoretical Criminology, Vol. 12 No. 1: 79 – 101.

② Isensee, L. (2014), "Fed up with zero tolerance in schools, advocates push for change", available at: www. npr. org/2014/02/26/275978805/fed – up – with – zero – tolerance – advocates – push – forchange.

③ National Association of School Resource Officers (2015), "NASRO position statement on police involvement in student discipline", available at https: //nasro. org/news/nasro – updates/ nasro – position – statement – police – involvement – student – discipline.

州没有对校园警官进行上岗培训。校园警官虽然都是宣誓的全职警察，但其工作的场所是学校，工作的对象主要是学生，普通警察的培训内容并不足让其胜任校园警官的角色。鉴于这两个明显的缺陷，美国有一些州已经开始着手改革或者完善相关的法律授权或培训规范。

第十章

社区警务中的志愿者角色
——英国的经验

基于"警察就是公众，公众就是警察"的警务原则，警务志愿者在英国和美国有悠久的历史。随着社区警务的推行，人数有限的专职警察很难应对公众的（警务人员）可视化需求。而警务志愿者的出现，不仅可以满足公众对"安心警务"的要求，还可以更好地联系社区，取得社区信任，从而促进社区警务目标的实现。在财政紧缩、警务开支缩减的广泛背景下，警察机关越来越倾向于使用警务志愿者来替代正式警察的角色。在这种背景下，警务志愿者的积极作用受到更多的重视，队伍发展越来越迅速，已经成为警务人员的一个不可分割的部分。警务志愿者的蓬勃发展，也充分体现了现在的警务多元化趋势。

一、社区警务中的传统志愿者

英国警察体制（本书只涉及英格兰和威尔士，苏格兰和北爱尔兰的警察体制独立且有很大差异）起源于民众的邻里守望和自发的治安维护活动，非常强调民众的参与。18 世纪中叶，英国的社会结构因工业革命迅速变化，导致英国社会快速城市化。随着人口密度增加和贫困人口增加，犯罪数量大幅度提升。在这种背景下，非正式的社会控制机构（家庭和社区作为控制机构）和志愿者（如"守夜人"）的力量已不足以控制犯罪。这一时期，志愿警察服务有所增加。

罗伯特·皮尔 1829 年在建立现代警察体制时，就特别强调了警务工作必须与公众保持密切的关系，在皮尔确立的九项警务原则中强调："警察履行职责的能力取决于公众对警察行动的认可。警方必须确保公众自愿合作，自愿遵守法律，以确保和维护公众的尊重。警方在任何时候都应该努力维护与公众的关系，因为警察就是公众，公众就是警察。警察只是公众的一员。"警务志愿者是专业警察体制建立之后民众参与警务活动的一种方式，是民众自卫传统在现代警察体制中的一种体现。长期以来，英国警务历史中有两类志愿者：支助警察志愿者（Police Support Volunteers，PSV）和志愿警察（Special Constable），他们虽然都是志愿者，但在服务形式和招募程序上，都有明显差异。

英格兰和威尔士的警察制度产生于 1829 年《都市警察法》（*Metropolitan Police Act*）。志愿警察制度则由 1831 年《特别警察法》（*Special*

Constables Act）确立。这些法律授权治安法官可以强制征募特别警察，同时赋予这些兼职的"志愿者"与普通警察相同的权力。时至今天，英格兰和威尔士的志愿警察仍然拥有与全职警察相同的权力，但同时他们也必须按照相同的规则、道德规范和纪律守则履行职责，并被期望具有相同的职业精神。

2014 年时，英格兰和威尔士的 43 支地方警察部队超过 12 万名正规（全职）警察，其中有超过 17 800 名志愿警察。但这个数目随后在逐年减少，由于财政紧缩，警务开支也受到影响，正规警察和志愿警察的人数都在逐年小幅度减少。

要申请加入英格兰和威尔士的兼职志愿警察队伍，个人必须年满 18 岁，拥有英国公民权或居住权。申请人通常应没有犯罪记录，当然还有一些其他限制，比如不得有明显的纹身、破产等其他情况，也要通过健康和视力检查。志愿警察的聘任没有年龄上限，前提是可以通过体能测试。退休年龄通常为 60 岁。

志愿警察平均每月至少有 16 小时工作时间。在执勤时，他们与普通警察一样行使职责，保护公民财产和防止犯罪。当他们与普通警察一起执勤时，以正规警察执法为优先。志愿警察的工作没有任何报酬，除了会有一些往返上班的差旅费或超时执勤的补贴。

志愿警察不包括支助警察志愿者。后者是向英国警察机构提供支持协助的一种社会志愿者，他们自愿到警察机构中帮助从事一些辅助性工作，比如，联系犯罪受害人开展问卷调查并通过调查分析，帮助提高警务工作质量和效率；协助小型调查工作；在基层警察机构中从事前台接待和答复咨询工作；在社区警务站、一站式工作站从事保障性服务工作；在基层警察机构中从事文秘具体工作，等等。支助警察志愿者在警务工作中需要做出相应承诺，保证服务工作质量，接受警方领导和管理，服从工作派遣和安排。但是，不会将支助警察志愿者安排在高风险的岗位上。①

美国在殖民地时期完全采用了英国的警务模式，几乎所有治安都是

————————
① 李肖明："英国警务中的志愿者活动"，《现代世界警察》，2019 年第 2 期。

由公民志愿者进行的。到 19 世纪中叶，美国西部的快速扩张以及国家的工业化和随后的城市化造成警务资源紧张，于是出现了志愿者来补充全职警察的工作。

在美国，警务机构警察交替使用"辅助警察"（auxiliary police）和"后备警察"（reserve police）两个词来表示志愿警察——同英国的志愿警察相同（美国没有英国的支助警察志愿者）。还有许多人志愿为警察机构担任不同的职位和角色，如搜救、社区服务、安全巡逻、邻里守望等，因为其主要职能不是执法，因此并不属于志愿警察，而只是警务工作中的志愿者。志愿警察是警察与其服务对象（公民）之间的纽带，他们作为社区成员，可以帮助拉近社区与全职警察之间的距离。在美国大多数地方，志愿警察与全职警察穿着相同或相似的制服，而且其武装都与全职警察相似。

除了发生一些有影响的案件时，美国的志愿警察没有受到太多关注。2015 年 4 月，俄克拉荷马州塔尔萨市的一名志愿警察认为嫌疑人正在扣动电击枪的扳机时，用他的左轮手枪射击了嫌疑人。这个案件引发了公众强烈的不满，认为志愿警察没有受到应有的培训。2015 年 5 月阿肯色州约翰逊县的一名志愿警察在逮捕入室盗窃嫌疑人时被枪杀。这的确说明志愿警察需要接受与全职警察相同的培训。当然也有一些志愿警察因英勇行为而成为媒体关注的焦点。例如，2014 年 9 月，俄克拉荷马州一名下班后的志愿警察与一名持刀杀人者对峙并将其抓获，因英勇表现受到县警察局颁发的英勇奖。

在美国，各级、各种执法机构超过 18 000 个，其中超过 5000 个警务机构都在使用志愿警察。2013 年美国司法部统计局的报告称，美国当年有 29 500 名宣誓志愿警官，29 000 名宣誓志愿警长，两者加起来已经占到了全职警察的 20%。

美国的志愿警务有多种服务形式，不同的警察机构会根据本州的法律为志愿者提供不同的培训。有的警察局的志愿警察权力非常大，比如加州洛杉矶市警察局的 650 名志愿警察（后备警察），与全职警察的职责、角色、权力（包括逮捕权）和培训完全相同。也有的志愿警察的权力非常有限，比如纽约警察局（NYPD）。作为美国警察人数（全职警察人数）最多的城市警察机构之一，纽约警察局的辅助警察有 4500 名，虽然他们都配备了常用执法工具，比如警棍、手铐和无线电对讲机，但他们都不具有逮捕权，其主要角色被认为是对犯罪行为产生视觉上的"震慑"。

二、多元化警务背景下的志愿警察

警务中的志愿者被许多学者认为是警务多元化和扩大化的结果。贝利和希尔林（Bayley & Shearing, 1996）①，布洛克（Bullock, 2015）②等讨论了警务志愿者的角色，他们认为通过制服或非制服的角色反映警务角色的多样化，这些不同的角色是为了应对日益增加的"官僚主义"和警务资源需求而出现的。警务多样化导致了不同形式的警务转变，即"多元的警务规定"，志愿警察是传统警务的补充形式，为社区居民参与志愿警务提供了动力。

随着警务工作的发展，警务目标从早期的打击犯罪扩大到满足公众对警察的"可视化"需求（安心警务）以及为公众提供服务等。警务工作的扩大化造成警察和警察机构承担很大的压力，直接的后果是，许多国家只能不断增加警察数量。然而，当国家经历经济危机或经济不景气时，政府会缩减警务开支和预算，警力资源的减少直接导致多元化警务。在这种背景下，志愿警察的作用更加明显和必要。

志愿警察给警察机关、社区以及志愿者本人都带来不少"益处"。首先"获益者"是警察机关。由于志愿警察每个月服务 8 小时或 16 小时以上，且不需要支付薪水，因此给警察机关节省了大量资金。此外，当遇到大型活动（如体育赛事和游行）和一些紧急事件（如气候灾害和搜救行动）时，警察机关可以安排志愿警察到最需要人手的场合行动，这样也就缓解了全职警察不足的问题。2011 年，近 700 名洛杉矶警察局的志愿警察为该市节省了大约 500 万美元。2013 年，棕榈泉县警长办公

---

① Bayley, D. and Shearing, C. (1996). The future of the police. Law and Society Review, 30（3）：585 – 606.

② Bullock, K. (2014). Citizens, Community and Crime ControlBasingstoke：Palgrave Macmillan.

室的 86 名志愿警察为该机构节省了 578 230 美元。2013 年，弗吉尼亚州朴茨茅斯的 18 名志愿人员节省了近 32 万美元。这种显而易见的"好处"促使美国司法部的社区导向警务服务办公室（COPS Office）建议警察机关尽量使用志愿者来抵消由于经济衰退导致的预算削减。①

　　除了节省警务预算外，志愿警察的加入还可以为全职警察减轻繁重的工作负担。比如志愿警察可以处理不严重或不紧急的报警电话，让全职警察有时间回应和调查更严重的案件。还有一些志愿者具有特殊技能（如技术潜水、船舶操作、医疗、口译、财务和会计技能等，这些通常是全职警察不具有的技能），可以在需要的时候为警察机关提供协助。

　　对于志愿者本人而言，成为志愿警察既可能是实现全职警察"梦想"的有效途径，也可能是其发挥个人价值和获得自豪感的最佳方式。英国的一项研究表明，大多数志愿警察都渴望成为全职警察，成为志愿警察可以为其以后顺利进入全职警察队伍打下良好的基础。美国志愿者的动机则有比较大的差别，主要集中于社区服务、个人发展、个人兴趣和提供有用的技能等：2015 年的一项全美志愿警察调查研究（调查对象可以选择多个选项）显示，73% 的志愿警察表示是想为社区做贡献；69% 的人表示将志愿警察视为个人发展的一种方式；65% 的受访者表示是对法律和警务工作感兴趣；62% 的人表示可以在日常生活中增强警务技能和知识。至于接受报酬，几乎不可能成为一个选择的原因。因为 80% 的志愿警察都没有收到过任何报酬，10% 的人表示他们有出勤补贴，2% 的人表示有一定的保险或培训费用。②

　　从警务战略层面看，志愿警察的加入对专业警务（Professional Policing）和社区警务都有积极作用。专业警务发展于 20 世纪 20 年代，其最终目标是控制犯罪，通过严格挑选训练有素、受过良好教育的专业人员（全职警察）来实现打击犯罪的目标。专业警务依赖警察巡逻、快速响应报警电话和事后调查三项基本工作，试图通过警察"在场"的震慑

────────────

① International Association of Chiefs of Police. （2014）VIPS - Volunteers in police service，http：//www. theiacp. org.

② Adam Dobrin，Ross Wolf：What is known and not known about volunteer policing in the United States，International Journal of Police Science & Management 2016，18（3）220 – 227.

力或抓捕罪犯来减少犯罪。① 而这些工作很大程度上又依赖于人力，即警力来完成。志愿警察的加入可以有效补充和支持专业警务。比如，大多数志愿警察的主要职责是加强巡逻，巡逻车辆和巡逻人员的增加，可以提升警察"在场"的威慑力，也可以提高警方对报警电话的响应时间。

社区警务的建立旨在解决专业警务的一些弊端，比如警察与社区的疏离。专业警务中职业警察的关注重点是效率和秩序，而不是实际帮助公众。警察发展了"我们的"和"他们的"（社区的）心态和亚文化，很难与警察以外的人打交道。专业警务在公众和警察之间创造了社会距离和物理距离。

社区警务则与专业警务相反，其目标不是控制犯罪，而是更多关注社区或公众的问题，如增加对公众的责任、提供非紧急服务、维持秩序、社区服务、减少恐惧，以及在警察和公众之间建立更和谐的关系。② 简言之，社区警务的目标是通过在社区居民和警察之间建立联系和合作来增强居民的安全感。而志愿警察就成为警察和社区之间的桥梁。志愿警察直接来自社区，他们不受警察亚文化的束缚，而且可以影响警察看待社区的方式以及社区看待警察的方式。在一些少数族裔社区中，警方与社区通常缺乏信任，来自本地社区的志愿警察的纽带作用就更加明显。

三、辅助警务的执法化趋势

2002 年，英格兰和威尔士引入了社区支助警察（Police Community Support Office，PCSO）。这是志愿警务历史上的一个重大突破。社区支助警察主要关注社区居民的参与和社区安全，是一种"可视的步行巡逻队。"《警察改革法》（*the Police Reform Act*，2002）明确了社区安全保障

---

① Reserve Police Officer Association. （2014）A history of reserve law enforcement，http：// www. reservepolice. org/ History_ of_ reserves. htm.

② Ruddell，R.，Thomas，M. O. and Patten，R.（2011）Examining the roles of the police and private security officers in urban social control. International Journal of Police Science and Management 13（1）：54 –69.

包括社区支助警察的角色——作为当地社区一种"看得见"的警务存在。警察高层将一些有限的权力下放给社区支助警察（使其具有一定的自由裁量权，可以根据具体情况做出决定），这促成了"新一代巡逻警官"的诞生。

但是这种情况在 2017 年发生了变化。2017 年《警务与打击犯罪法》（*Policing and Crime Act*, 2017）赋予社区支助警察更大的职权（一些传统上只属于全职警察的职权）以及更大的自由裁量权。此外，为了确保公众的信任与合作，有时需要"借用"警官（正式警察）的象征性"资本"，比如制服。社区支助警察的制服与全职警察的制服本身是有差别的，但现在的趋势是试图进行修改，尽可能突出类似警察的元素，并淡化其与正式警察区分的元素。

社区支助警察的变革与政治化和机构转型密切相关。2010 年，当选的保守党（自由民主党）联合政府大幅度削减了英国政府支出，其中也包括警察支出，以符合新自由主义政策。与此同时，公共部门重新定位，将行政管理权更多从中央政府下放到地方和地区政府。在警务方面，2012 年，英国设立了警务与打击犯罪专员（Police and Crime Commissioner），同时又取消了用于维护街区治安的财政预算（国家警务预算总体削减了 20%），这一政策使得社区警务遭到很大的影响。许多地方已经无法"负担"社区警务方法，这一时期的社区支助警察人数也下降了 40%。

鉴于预算削减，警察部队开始限制招募正式警员，申请者在申请成为警员之前，越来越多地被引导先获得两三年的社区支助警察经验（O'Neill，2019）。这无疑加深了社区支助警察的压力，要求他们将更多的注意力放在执法方面，因为社区警务就变成其成为未来警官的"训练场"。此外，正式警察的人数也因预算而受到严格控制，警力不足导致社区支助警察的更多工作以执法为导向。一些学者认为，从这个角度看，英格兰和威尔士的许多警察部队全面"回归"执法导向型警务，社区警务已经不是其警务工作的核心部分（希金斯，2017，2018）。

近年的趋势表明，以社区支助警察或支助警察为代表的辅助警务（auxiliary policing）越来越倾向于犯罪控制，这不可避免对社区警务和多元警务理论产生一定影响。辅助警务专业化（以执法为首要目的）的积极影响是明确的：警务辅助人员与"传统"警务形象（全职警察或者说正式警察）保持一致，突出了这一角色的执法正面形象，装备变得更好、训练更加有素、组织更加规范。这种与象征意义上占主导地位的正式警察越来越相似的做法可以增加公民与警察或警务辅助人员合作的机会。此外，这些辅助人员与社区拥有更多的共同点，也会促进公民的合作。

但也有一些学者提出了相反的意见，认为辅助警务的弊大于利。一方面，警务辅助人员的武装程度越高、执法力度越大，就越发偏离其最初设置的初衷（拉近与公民的距离），因为公众更难接触到他们。另一方面，更具"侵略性"的执法任务会导致警务辅助人员更加注重打击犯罪，而牺牲了更具服务风格的警务，如社区警务。原则上，警务辅助人员旨在提供另一种更符合社会安全需求和公众需求的安全保障，更倾向于以社区为导向的警务模式。虽然他们的权力受到限制，但其被赋予更多的执法职能，正在减少他们提供"替代"或"补充"正式警察作用的程度，从而破坏了警务多元化的优势。

四、社区警务志愿者的新角色——英国的实践

林肯郡警察局被英国政府公认为是英国最高效的警察部队之一，由1100名警察和147名社区支助警察组成，但同时也是获得拨款最少的英国警队之一。面对国家层面拨付经费持续减少的暗淡前景——正规警察有限，办案资金有限，治安状况依旧，林肯郡警察局在2012年设置了一种新的警务志愿者角色——"社区警务志愿者"（VPCSO）。

第一批社区警务志愿者于2014年2月开始培训，第一年招募了40名志愿者，并接受了经验丰富的社区支助警察的指导。由于有大量志愿者希望成为社区警务志愿者，林肯郡警方每年进行一次志愿者投入价值审核（Volunteer Investment Value Audit，VIVA），以确定志愿者项目的投资回报，并与同等数量的社区支助警察加以比较，证明其招募前者的必要性。在2016年，林肯郡警方有56个社区警务志愿者，他们在警务工作中贡献了11 210小时，每位社区警务志愿者的工作量相当于增加了

6 个社区支助警察。①

自 20 世纪 60 年代以来，社区徒步巡逻逐渐被放弃，但公众一直希望恢复徒步巡逻。因此，在这种背景下创建的邻里警务特别需要让社区参与，由社区和警方一起商讨确定警务优先事项。② 社区支助警察的主要职责是开展社区安全巡查，可以拉近警方和公众之间的距离，是社区居民看得见，可信赖的制服人员。对社区居民而言，社区支助警察不仅是一个穿制服的人员，而且在社区中也具有极重要的价值，受到社区的高度重视。社区警务志愿者作为社区支助警察的协助人员，也相应承担社区支助警察的上述职责，既满足公众对警务可视化的期望，又最大限度地提高社区的警务能力和服务能力。而且社区警务志愿者还被视为一个符合成本效益的选择，警察是带薪人员，而社区警务志愿者并没有薪水。尽管林肯郡警察局的愿景是赋予社区警务志愿者与社区支助警察和志愿警察相同的权力，但 2017 年《警察与打击犯罪法》（*Police and Crime Act*, 2017）出台之前，还没有相应的法律加以授权，于是尽管社区警务志愿者在干着同社区支助警察相同的工作，但却缺乏明确的法律依据。

因此，对许多人（如正式警察和公众）而言，他们很疑惑社区支助警察与社区警务志愿者在作用或权力范围上的区别，特别是后者缺乏法律授权。虽然社区警务志愿者已经证实可以有助于警方与社区的接触，促进社区参与，但仍有一些人表示无法理解，为什么不能由社区支助警察而是由社区警务志愿者这一新角色来完成这项工作。

显然，社区警务志愿者往往更积极地看待自己的角色和价值，他们认为其在当地的巡逻与社区支助警察有相同的基本职责，并且认为这是一个非常不同的角色，不是像很多人想的那样四处走动，这个角色还有很多其他方面的功能。当然，也有一些社区警务志愿者并不清楚他们应

①　Katie Strudwick, Jill Jameson, Jackie Rowe. DevelopingVolunteersinPolicing: Assessing the Potential Volunteer Police Community Police Officer. 7 September 2017 Policing, Volume 13, Number 4: 397-410.

②　Merritt, J. (2010). W (h) it her the PCSO? Police Perceptions of the Police Community Support Officer's Role, Powers and Future Directions' Policing: An International Journal of Police Strategies and Management, 33 (4): 731-49.

该发挥什么作用，可能是因为这是一个新的角色，但也可能是由于指导风格或志愿者所在的地理区域差异所致。例如，有志愿者表示有时候很难找到事情做，有很多人开着车四处转悠。①

一些社区警务志愿者做志愿者的动机是实现警务工作者的职业抱负，把这个志愿者角色看作是通过"获得"来让他们迈出第一步，并积累一定的工作经验。布洛克和李内（Bullock and Leeney，2014）指出，成为志愿警察的动机主要是"成为普通警察的敲门砖"②，惠特尔（Whittle，2014）对警务志愿者的研究显示，60%的受访者认为成为志愿警察"有利于未来的警察申请"。这种模式体现在了该计划实施期间的社区警务志愿者数据统计：其中8名社区警务志愿者加入林肯郡警察局担任社区支助警察；2名成为其他地区警察局的社区支助警察；2名加入志愿警察；还有2名加入林肯郡警察局成为正式警官。③

当然，大多数志愿者的动机并不纯粹是为了自身利益，他们认为自己的作用主要是为警察部队和社区提供服务。一名社区警务志愿者虽然没有加入全职警察的愿望，但希望"帮助当地社区"。这一点在社区支助警察中也有同样的反映，他们认为"回馈社会"或"帮助他人"是其他角色所不能做到的，而社区支助警察通过花费一点时间就能够帮助到警方和社区。这说明社区支助警察既有改变当地社区的意图，也有改善其职业前景的意图。④

多年来，林肯郡警察局的财政拮据已广为人知，社区警务志愿者的引入表明警方努力向社区提供"物有所值"的服务，这也证实了学者

---

① Katie Strudwick, Jill Jameson, Jackie Rowe. DevelopingVolunteersinPolicing: Assessing the Potential Volunteer Police Community Police Officer. 7 September 2017 Policing, Volume 13, Number 4: 397 – 410.

② Bullock, K. and Leeney, D. (2016). On matters of balance: an examination of the deployment, motivation and management of the special constabulary. Policing and Society: An International Journal of Research and Policy, 26 (5): 483 – 502.

③ Whittle, J. (2014). The rise of the special constabulary: are forces getting value for money from their voluntary officers? An empirical study in Avon and Somerset Police. The Police Journal: Theory, Practice and Principles, 87 (1): 29 – 40.

④ Bullock, K. and Leeney, D. (2016). On matters of balance: an examination of the deployment, motivation and management of the special constabulary. Policing and Society: An International Journal of Research and Policy, 26 (5): 483 – 502.

（Rowland and Coupe，2014）关于警务多样化的看法："提供不同程度的保证，有时更具成本效益，而且，根据社区治安的具体情形花费相应的经费，志愿者和其他警务人员可以为保障治安做出有益的贡献。"①

当然，对林肯郡实施的社区警务志愿者角色存在一些批评意见。最主要的问题是，公众对社区警务志愿者的了解和认识有限。实际上，许多社区居民并不知道存在社区警务志愿者。公众往往无法认识到社区警务志愿者与社区支助警察之间的角色差异，也不知道社区警务志愿者与志愿警察和社区支助警察之间的区别——他们都身着制服。

关于志愿者的制服问题，大多数人持支持态度。英国内政部规定"公职人员和志愿者在行使权力时必须穿制服，这一要求应作为对公职人员、志愿者和公众的保障"②。向志愿者发放制服，可以最大限度地发挥公众认可和熟悉的既定角色的效益。对于社区警务志愿者这个角色来说，穿制服似乎很重要。警察制服提供了一定程度的权威，身着制服可提升可见度，对该志愿者项目的潜在作用是非常明显的：公众希望看到实实在在的警察。对社区警务志愿者来说，他们认为自己的角色最重要的一部分是要建立和促进牢固的社区关系。在建立信任的过程中，民众更加期望警察的出现，公众喜欢穿制服的存在，即使社区警务志愿者只是在街上走来走去，向人们问好，民众也会告诉你一些社区发生的违法犯罪的信息。③

尽管存在一些批评，但总体来说，林肯郡的社区警务志愿者项目获得了更多的支持。英国内政部也在 2016 年公开表扬林肯郡警察局的这一做法，但同时也指出这些志愿者没有执法权，因为没有相关法律的授权。在这种情况下，社区警务志愿者在实践中到底可以做什么、能够做

---

① Rowland, R. and Coupe, T. （2014）. Patrol officers and public reassurance：a comparative evaluation of police officers, PCSOs, ACSOs and private security guards. Policing and Society：An International Journal of Research and Policy, 24 （3）. http：//www – tandfonline com. proxy. library. lincoln. ac. uk/doi/full/10. 1080/10439463. 2013. 784300.

② Home Office. （2016a, 10 Feb 2016）. Policing and Crime Bill2016. http：//www. gov. uk （accessed 9 November 2016）.

③ Home Office. （2015, Sept 2015）. Reforming the Powers of Police Staff and Volunteers：A Consultation on the Way Chief Officers Designate the Powers and Roles of Police Staff and Volunteers. www. gov. uk/government/publications.

什么、怎么做都缺乏一致性。按照一位资深的社区支助警察所说的，社区警务志愿者是"支持"社区支助警察工作的，这意味着虽然没有执法决定权，但实际上志愿者们可以做社区支助警察能做的一切。比如，当一起交通事故发生时，社区支助警察有权力阻止其他车辆通行，这时志愿者可以从旁协助，却不能加以指挥。[①]

事实上，所有指导志愿者的社区支助警察都表示，志愿者们还需要接受更好的培训，让他们知道如何利用所拥有的技能来发挥社区警务志愿者的作用。相关调查结果显示，绝大多数人认为权力限制会对志愿者角色产生影响。[②] 至于是否应该授予社区警务志愿者独立执法的权力，学界对此问题的认识存在分歧。

但社区警务志愿者对其权力的看法不尽一致。有些志愿者明确表示，没有权力可能会损害他们的公众形象，例如在拘留等对人采取的权力措施方面，如果拥有更多的权力，会维持其权威。而他们通常在其他警务工作者实施逮捕、拘留时只是站在那里，让自己看起来很愚蠢，什么也做不了，因而不受尊重。但另一些志愿者则认为，因为缺少权力，所以民众不会认为他们有威胁；因为志愿者们没有独立执法的条件，可能会让民众觉得志愿者更平易近人。[③]

但上述情形在 2017 年发生转机，《警务与打击犯罪法》的通过使林肯郡警方可以授权给社区警务志愿者以社区支助警察或志愿警察相同的权力。这被认为是英国警务志愿者发展历史上的一次大事件。此次改革首次允许志愿者在不成为志愿警察的情况下被赋予执法权，这意味着英国政府倾向于在全国范围内进一步推广和加强维持治安的志愿者计划，

---

① Katie Strudwick, Jill Jameson, Jackie Rowe. Developing Volunteers in Policing: Assessing the Potential Volunteer Police Community Police Officer. 7 September 2017 Policing, Volume 13, Number 4: 397 –410.

② O' Neill, M. (2015). Police community support officers in England: a dramaturgical analysis. Policing and Society: An International Journal of Research and Policy, 27 (1): 21 –39. http: //www – tandfonlinecom. proxy. library. lincoln. ac. uk/doi/ full/10. 1080/10439463. 2015. 1020805.

③ Katie Strudwick, Jill Jameson, Jackie Rowe. Developing Volunteers in Policing: Assessing the Potential Volunteer Police Community Police Officer. 7 September 2017 Policing, Volume 13, Number 4: 397 –410.

不仅专门针对社区警务志愿者，还包括其他公认的志愿者角色，如志愿警察和支助警察。社区警务志愿者的发展扩大了英国"警察大家庭"，有助于保障社区治安，减少政府的警务开支，同时也展现了英国警务的多元化特点，显示出创新警务策略的可能性。

林肯郡警方的社区警务志愿者项目展示了警务志愿者角色的潜力和前景。民众对社区警务志愿者的作用持乐观态度，认为志愿者的存在提供了更充分的警务可视性，增强了社区与警察之间的关系，同时在巡逻中充当了额外的"眼睛和耳朵"。

尽管社区警务志愿者因"奉献"时间为社区服务而受到尊重，但还是存在一些潜在的问题。首先，社区警务志愿者对其他警务志愿者的角色和作用产生一定挑战，尤其是与其职能接近或者没有实质性区别的警务志愿者，例如社区支助警察。两者的职能几乎没有区别，2017年之后，社区警务志愿者又获得了法律依据的明确授权。仅从节省警务开支的角度讲，不领薪的社区警务志愿者当然严重冲击到领薪的社区支助警察的"地位"。两者的潜在"竞争"状态可能会影响社区警务工作的实施。

其次，公众对现有的社区警务志愿者角色还缺乏一定程度的认识和了解，以至于大多数人无法区分社区支助警察、志愿警察和社区警务志愿者。这说明社区警务工作人员还缺乏与社区居民的沟通。毕竟，就社区警务而言，不仅要取得"安心警务"（增强警察"可视化"程度，让社区居民安心）的效果，加强与社区居民的沟通、取得社区居民的信任，也是社区警务的另一个重要的"初心"。

最后，确保社区警务志愿者受到良好的培训，提高其警务专业知识和认识水平，使其掌握丰富的警务技能、积累丰富的经验，这些都是决定警务志愿服务持续发展的关键。

后　记

20 世纪 90 年代中后期，我国开始在全国范围内推行社区警务，确定了社区警务工作以防范和管理为主要职能，涉及治安管理、安全保障和服务群众这三大任务。

经过 20 多年的发展，我国社区警务工作已经取得了显著进步：从观念上看，社区民警已经意识到社区公众在维护社区治安中的重要作用，将自己定位成社区服务者、指导者和协调者的角色。从配套机制上看，硬件设施、民警选任、培训、考核等相关工作也在逐渐完善。但由于社区警务工作在我国的开展时间尚短，实践中还存在许多不完善的地方，理论研究的体系化和更迭性程度不够，因此社区警务的建设工作依然任重而道远。

习近平总书记提出建设"法治中国"和"平安中国"的重要战略举措。深入推进社会治理创新是建设"平安中国"的基本途径，对推进国家治理体系和治理能力现代化建设具有重要意义。在维护社会秩序、实施安全治理的过程中，应坚持"古为今用、洋为中用"的理念，兼收并蓄，立足现状，放眼未来。

为此，本书主要研究、分析和考察了近年来欧美国家有关社区警务的最新理论成果与实践发展，可为我国的社区警务工作提供一些借鉴和启示。由于我国国情与欧美国家不同，我们对于欧美国家的先进经验可以借鉴，但不能照搬；对其实践中暴露的问题，可以重视并加以防范。只有在本土化实践过程中逐步积累经验、吸取教训，才能形成具有中国特色的社区警务机制，才能充分发挥社区警务维护社会秩序稳定、建设"平安中国"的基础性作用。